ORÁCULO CELTA

LEER EL FUTURO CON LAS 32 CARTAS CELTAS

MOIRA KELLY-DOYLE

Oráculo Celta
es editado por
EDICIONES LEA S.A.
Dorrego 330, C1414CJQ
Ciudad de Buenos Aires, Argentina.
E-mail: info@edicioneslea.com
Web: www.edicioneslea.com

ISBN 978-987-634-324-4

Tercera edición, 4000 ejemplares.
Impreso en Argentina.
Esta edición se terminó de imprimir en
Abril de 2011 en Printing Books.

Kelly-Doyle, Moira
    Oráculo celta : leer el futuro con las 32 cartas celtas . - 3a ed. -
Buenos Aires : Ediciones Lea, 2011.
    128 p. + Pliego de cartas ; 14x22 cm.

    ISBN 978-987-634-324-4

    1. Astrología . 2. Oráculo Celta. I. Título.
    CDD 130

Introducción

Este oráculo es una forma de integrar arquetipos y símbolos de la cultura celta, para conocer su mágica sabiduría y jugar con el destino.

Como todos los oráculos, se puede utilizar en diversas situaciones: para inspirarnos frente a algún problema que nos supera, para tratar de dilucidar cuál es la mejor forma de conducirnos ante una determinada situación, como guía o como consuelo. Es un mensaje de los dioses a través de las cartas, en este caso, sin otro intermediario.

Las runas y el I Ching funcionan como un oráculo, donde siempre está implícito el mensaje individual de los dioses al consultante. En el Tarot hay un intermediario, el tarotista, y no hay mensaje divino.

Todo oráculo desde el principio de los tiempos, lleva incorporadas las palabras de Apolo a Sócrates: "Conócete a ti mismo". Y no hay mejor manera de hacerlo que lúdicamente, con la ayuda de las hadas, los duendes y los héroes, que según la creencia celta son inmortales y hoy forman el pueblo mágico que vive aún bajo las colinas de Irlanda.

El mágico mundo celta

Intentar acercarnos a la cultura celta nos lleva inmediatamente a ingresar en un mundo mágico.

Alrededor del año 600 a.C. los griegos conocían su existencia y los denominaban Keltoi. Según algunas teorías se expanden empujados por los pueblos del este de las estepas rusas, asentándose en la Galia, Gran Bretaña, Irlanda, Gales, Escocia y España, específicamente en Galicia.

Pero según la tradición protocelta, son originarios de la Isla Esmeralda, la antigua Erin (Eire) irradiando luego su cultura por todas las islas.

El libro de la Invasiones

La llamada "Conquista Mítica de Irlanda", está relatada en *El libro de las Invasiones*, serie de leyendas recopiladas por los monjes irlandeses durante el siglo XI. Comienza con la llegada a Irlanda de Partolón y su gente después del Diluvio. Toda la acción del libro relata la invasión y conquista final de los gaélicos sobre la tierra que los dioses les habían destinado.

Nemed

Comenzaremos el relato con la conquista que lleva a cabo Nemed, antes de que Irlanda adoptara su forma definitiva, cuando estaba habitada solamente por los Fomorianos, una tribu de figuras sobrenaturales. Es posible que estos Fomorianos hayan estado allí desde el principio de los tiempos. Eran una raza de demonios espantosos y malvados.

Nemed llegó desde Grecia, habiendo emprendido el viaje hacia Occidente a fin de encontrar un nuevo hogar para su gente. Antes de su llegada una gran epidemia había dejado a Irlanda vacía. Nemed iba acompañado por una flota de treinta y cuatro barcos de remos, en cada uno había treinta personas. Todo iba bien hasta que divisaron en la lejanía una torre dorada. Esperando encontrar allí algún tesoro, la flota puso rumbo hacia la torre, pero alrededor de esta surgieron violentas corrientes que hicieron naufragar a muchos de los navíos, y donde muchos hombres de la expedición murieron. Solamente sobrevivieron Nemed, sus hijos, y unas cuantas personas que él pudo rescatar del agua. Los sobrevivientes se alejaron de la torre y por fin llegaron a las costas de Irlanda. Unos días después Macha, la esposa de Nemed, murió víctima de la epidemia, cuyos coletazos aún hacían estragos.

Los Fomorianos vivían en el norte de Irlanda, y también querían ocupar el territorio. Pero Nemed y sus hombres resultaron ser más fuertes y los convirtieron en esclavos. Construyeron dos grandes fortalezas, y despejaron llanuras de terreno boscoso, y cuatro grandes lluvias formaron los cuatro grandes lagos de Irlanda.

Nemed logró controlar a los Fomorianos. Pero acabó por enfermarse y murió de la epidemia que aún acechaba desde los rincones de Irlanda. Los Fomorianos vieron entonces la oportunidad de derrotar a los hijos de Nemed, y lograron hacerlo fácilmente.

Se comportaron de manera muy cruel con los vencidos. Les cobraban un tributo que consistía en entregar dos tercios de su ganado y de sus productos lácteos.

Los hijos de Nemed entonces, buscaron ayuda en el extranjero para vencer a los Fomorianos.

Una gran tropa de guerreros se embarcó para Irlanda, incluyendo a muchos druidas y druidesas. Llevaban además, animales salvajes como lobos y jabalíes. La flota ancló frente a la torre dorada de Connan, rey de los Fomorianos y le puso sitio. El rey Connan tuvo que luchar contra este ejército dotado de poderes mágicos. Druidas, druidesas y guerreros de ambos lados se enfrentaron en batalla. Connan murió después de la derrota de su ejército, luego de una dura lucha contra uno de los hijos de Nemed, Fergus.

La guerra continuó, llegó un nuevo contingente de Fomorianos, y se entablaron nuevamente terribles combates. Mientras se daba esta lucha sangrienta, una ola más alta que la torre misma y más rápida que un halcón cayó sobre la playa, arrastrando a los soldados. Solo sobrevivieron 30 hijos de Nemed y un puñado de Fomorianos.

Después del desastre, los hijos de Nemed vivían con constante temor de los enemigos Fomorianos y de la epidemia. Y así fue que se marcharon. Algunos volvieron a Grecia, otros se quedaron en Gran Bretaña. Irlanda quedó entonces deshabitada durante doscientos años.

Los Fir Bolgs

La segunda invasión fue la que realizaron los Fir Bolgs, descendientes de los hijos de Nemed que habían vuelto a Grecia. Allí, los griegos los habían convertido en esclavos para que su tribu no fuera poderosa. Finalmente decidieron escapar. Construyeron para ello numerosas canoas y se embarcaron hacia Irlanda, donde habían vivido sus antepasados. Los Fir Bolgs fueron los primeros en establecer un orden social y político en la isla. Dividieron Irlanda en cinco provincias: Ulster, Leinster, Munster, Connacht y Meta. Instauraron la monarquía, sustituyendo a los caudillos guerreros del pasado por un rey al que consideraban semidivino y vivieron con prosperidad durante varias generaciones.

Los Tuatha de Danann

Aunque los Fir Bolgs tenían características divinas, los Tuatha de Danann son los dioses principales de Irlanda. Son sin duda los dioses de los viejos celtas.

Los Tuatha de Dannan eran descendientes directos de Nemed y lucharon junto a los atenienses contra los filisteos. Pero estos últimos se hicieron poderosos y los obligaron a huir de Grecia en busca de otro hogar. Y así se dirigieron al Oeste llevando consigo cuatro objetos sagrados:

- La Lis Fail, la piedra que gritaba en proclamación de un rey.
- La lanza de Lugh Brazo Largo.
- La espada de Nuada.
- El caldero, siempre lleno, de Dagda.

Los Tuatha de Danann se establecieron primero en Escocia, pero allí el país estaba desierto y la vida era muy dura, y pronto decidieron atacar Irlanda, considerando que ésta les pertenecía por derecho.

Su ejército desembarcó durante la más sagrada de todas las fiestas celtas, Beltayne, que se realizaba el primer día de mayo. Entonces, desplegaron unas tinieblas mágicas que les ayudaron a moverse por todo el país sin ser vistos. Tras desembarcar, incendiaron las naves de los Fir Bolgs para que no pudiesen escapar en caso de que los derrotaran. Luego los atacaron.

Luego de varias sangrientas batallas, los Fir Bolgs, tuvieron que admitir su derrota. Pero la guerra no había terminado. Pues, los Fomorianos atacaron a los Tuatha de Danann y no fueron vencidos hasta la segunda batalla de Montura.

Los Tuatha de Danann estaban gobernados por el rey Nuada. Sus nobles eran: Ogme, famoso por su fuerza y su elocuencia; Diancetch, médico, con sus hijos, Cian, Cu, Cethan, Miach y su hija Airmid; Goibnyu, el herrero; Luchtayne, el joyero; Credne el calderero y Lugo Brazo Largo, el de los múltiples oficios, que figura en la mitología como célebre guerrero y resplandeciente dios sol.

En la última batalla entre los Tuatha de Danann y los Fir Bolgs, que transcurrió en un lugar llamado Connacht, el rey de estos últimos cayó muerto y el propio Nuada se quedó sin un brazo. Airmid le hizo un brazo de plata para sustituir al que había perdido. Según la ley de los Tuatha de Danann, un rey debe ser completo y sin defectos. Por lo tanto, Nuada Brazo de Plata ya no podía gobernarlos. El nuevo hombre que escogieron para gobernarlos fue Eochaid Bres, hijo de un caudillo Fomoriano y de una mujer llamada Elota. Pero él no sabía que era hijo de un Fomoriano.

Cuando fue escogido rey, organizó su matrimonio con Tailltiu, la viuda del rey de los Fir Bolgs.

Bres ascendió al trono con la condición de que abdicaría si es que su reinado no era del agrado de su pueblo. Muy pronto empezó a favorecer a los Fomorianos en perjuicio de los Tuatha de Danann. Llegó el momento en que éstos se rebelaron exigiéndole a Bres que cumpliera las condiciones acordadas y renunciara al trono.

Bres accedió, pero pidió que le permitieran ser rey durante siete años más, lo cual le fue concedido. Bres pretendía aprovechar este aplazamiento para reunir a los guerreros Fomorianos y destruir a las tribus de los Tuatha de Danann, que lo habían rechazado. Fue entonces cuando su madre le contó quién era su padre. Bres la envió a visitar a los Fomorianos para reunir todas sus fuerzas en un enorme y poderoso ejército.

En la época en que los Tuatha de Danann decidieron que el reinado de Bres era insostenible se produjo la cura milagrosa de Nuada. La carne alrededor de su brazo de plata había comenzado a ulcerarse. Nuada mandó a llamar a Miach, quien examinó la herida y ordenó desenterrar el brazo cortado para volver a ponerlo en su lugar. Entonó un sortilegio y en tres días Nuada estuvo curado.

Diancetch sintió envidia de los poderes curativos de su hijo y lo atacó cuatro veces con la espada en la cabeza hasta matarlo. Cuando el brazo de Nuada estuvo sano, ya era nuevamente un hombre entero y por lo tanto, le devolvieron el cargo de rey de los Tuatha de Danann. Durante la fiesta de celebración, los guardias divisaron un apuesto guerrero rubio, lujosamente vestido, que venía con un grupo de gente a su cargo. Era Lugh Brazo Largo, que quería ofrecer sus servicios al rey de los Tuatha de Danann. Lugh era nieto de Balor por parte materna, su madre real era Ethné y su madre adoptiva Tailltiu. Lugh era diestro en varias disciplinas: carpintería, herrería, música, poesía, historia, hechicería, medicina y estrategias de guerra, entre otras.

Cuando llegó al lugar donde se encontraban los centinelas, Lugh les informó de sus aptitudes y de sus intenciones para con el rey. Los centinelas le avisaron al rey de su presencia y le informaron las capacidades que se atribuía el visitante. Nuada lo invitó a entrar a la fortaleza con la condición de que superará una prueba que Ogme le tenía preparada.

Ogme levantó una de las grandes losas del palacio y con esfuerzo, la lanzó fuera de la fortaleza. Lugh aceptó el reto, levantó la misma loza del suelo, la relanzó con facilidad hacia adentro y en un momento reparó el boquete abierto por la piedra en la pared.

Así Lugh fue reconocido como un auténtico campeón. Nuada le encomendó al multifacético joven la defensa de Irlanda contra los malignos Fomorianos.

Bajo la dirección del joven Lugh, cada hombre aprendió a utilizar sus habilidades para ayudar en la lucha. Así los organizó: Diancetch, curaría a los enfermos; Goibnyu, repararía las armas; Credne aportaría nuevas espadas, escudos y lanzas; Ogme, el campeón de lucha combatiría cuerpo a cuerpo; y Dagda empeñaría todo su ingenio en engañar al enemigo.

Todo quedó dispuesto pero fueron necesarios siete años para hacer los preparativos y forjar las armas. Para ganar tiempo, mandaron a Dagda a que tratara una tregua con los Fomorianos. Con la tregua pactada los Tuatha de Danann contaban con el tiempo necesario para realizar los preparativos de la gran batalla.

Los ejércitos se enfrentaron en vísperas de Samhain. En un principio hubo enfrentamientos personales entre los campeones de cada bando. Este tipo de combate duró varios días. Los Fomorianos notaron que los heridos e incluso los muertos de los Tuatha de Danann, volvían a la lucha al día siguiente, con sus armas reparadas y con los escudos nuevos. Enviaron entonces un espía para que averiguara cómo era posible tal situación. Ruadan disfrazado como uno de los Tuatha de Danann vio cómo Goibnyu reparaba con suma rapidez las armas rotas y cómo Diancetch y sus hijos sumergían a la víctimas de la batalla en un pozo que contenía el caldero mágico, que no solo curaba a los heridos, sino que también hacía que resucitaran los muertos.

En ese momento Ruadan atacó a Goibnyu y lo hirió con su lanza, pero este la arrancó de su cuerpo y se la arrojó a su vez a Ruadan que huyó a morir con los suyos.

El combate se convirtió en una batalla descarnada. Fue rápido y feroz. Balor "Mal ojo" mató a Nuada. Balor fue llamado así porque su mirada tenía un poderoso veneno que, tras una ojeada, podía aniquilar a un ejército entero.

Los Tuatha de Danann habían decidido que Lugh era muy valioso para que arriesgara su vida en la batalla, de modo que lo pusieron bajo la protección de nueve guerreros, encomendándole la dirección de la lucha sin entrar en ella. Pero tras la muerte de rey Nuada Brazo De Plata, Lugh se abrió paso entre el gentío para enfrentarse con su propio abuelo, Balor.

Mientras cuatro guerreros intentaban abrir el párpado de Balor para que este echara una mirada mortífera, Lugh arrojó una piedra con su honda y le sacó el ojo por la nuca. El ojo subió a las alturas, cayó y mató a un ejército de Fomorianos que había en las cercanías.

Morrigan y las otras diosas de la guerra ayudaron a vencer al resto de los Fomorianos que quedaban en los campos de batalla. Los supervivientes huyeron al mar. Tras la lucha, había tantos cadáveres de Fomorianos como estrellas en el firmamento. La isla se libró por fin de ellos y los Tuatha de Danann recuperaron Irlanda. Estos hechos sucedieron aproximadamente en la época de la guerra de Troya.

Los hijos de Mil (Milesios)

Protagonizaron la cuarta gran invasión. Emer, Donn y Eremon eran hijos de Mil de España. A su tío se le había aparecido Irlanda en una visión y había marchado hacia allí. Fue muerto a traición por los Tuatha de Danann. Cuando los hijos de Mil se enteraron de lo ocurrido, reunieron sus familias y posesiones y se embarcaron rumbo a Irlanda en busca de venganza y de conquista.

Los hijos de Mil eran poseedores de poderes mágicos. Donn, el hijo mayor, mandaba una flota de sesenta y cinco barcos y cuarenta caudillos. Su jefe espiritual era Amergin, un poeta versado en artes mágicas.

Cuando la flota de los hijos de Mil se preparaba para desembarcar en Irlanda, los Tuatha de Danann emplearon la magia de los druídas para hacer desaparecer todo el país. Los navegantes Milesios se quedaron atónitos, viendo que solo tenían ante sí mar abierto, en el mismo lugar en que un momento antes había costas rocosas y tierras cubiertas de bosques. Pero Amergín se dio cuenta de la intervención de fuerzas sobrenaturales y aconsejó a Donn que diera tres vueltas a la invisible isla. Al hacer esto el hechizo se rompió y la costa reapareció. Luego de lo cual pudieron desembarcar.

Al entrar a la isla se encontraron con tres diosas de Irlanda: Banba, Fodla y Eriu, las tres antiguas divinidades territoriales, de quienes era indispensable la cooperación para conquistar la isla. En un primer momento Eriu les dio la bienvenida, asegurándoles el éxito, ya que su llegada había sido profetizada mucho tiempo atrás. Pero Donn se mostró arrogante con la diosa y provocó que ésta se irritara. Razón por la cual les auguró lo contrario, y los maldijo a él y a su estirpe.

Los hijos de Mil avanzaron hacia Tara, sede del gobierno central y principal santuario de la antigua

Irlanda. Allí se encontraron con los esposos de las tres diosas, que eran en ese momento los reyes de los Tuatha de Danann: Mac Cuill, Mac Cecht y Mac Greine. Los tres mostraron su desprecio por el ataque sorpresivo, al que consideraban un acto deshonroso, e hicieron elegir a los invasores entre abandonar la isla de Irlanda, someterse a los Tuatha de Danann o luchar.

Amergin aconsejó a Donn que se retirara momentáneamente. Mientras volvían, la diosa Eriu, que aún se sentía ofendida, quiso que regresaran a Irlanda y les envío una tormenta violenta que provocó el terror y la confusión en la flota invasora. Entonces Amergin, que se había dado cuenta de la situación, entonó un canto mágico para aplacar a la diosa Eriu y de pronto la tormenta cesó. Pero aún así, Eriu no se dio por vencida y volvió a conjurar terribles vientos y lluvias. La tormenta volvió a rugir alrededor de los hijos de Mil y las olas se alzaron más altas que antes. En medio de la confusión, el barco de Donn se hundió y el resto de la flota quedó dividida bajo el mando de Emer y Eremon.

Amergin, que se había salvado en virtud de sus dotes, cuando puso pie en tierra firme, pronunció un poderoso encantamiento que reclamaba la tierra y todo lo que contenía para los hijos de Mil. Este fue el encantamiento que venció a los Tuatha de Danann. No obstante estos continuaban teniendo poderes mágicos que generaban complicaciones a los hijos de Mil. De modo que tuvieron que llegar a un pacto.

Decidieron entonces dividir el país, quedando los Tuatha de Danann dueños del subsuelo, y los hijos de Mil, de la superficie. Dagda dio a cada uno de sus caudillos un montículo mágico o Sidh. Es ese el lugar que hasta el día de hoy habitan las hadas de Irlanda descendientes directas de los Tuatha de Danann.

Vida cotidiana

Organizados en tribus, vivían en zonas tan diferentes que la vida cotidiana difería notablemente entre unas y otras. Si bien es preciso reconocer que por fuentes arqueológicas podemos saber que guardaban muchos rasgos en común.

En las llanuras vivían en casas fortificadas. Si el hábitat eran las colinas, vivían en fortalezas. Las viviendas muy grandes eran circulares, techadas con paja formando cúpulas.

En el continente las casas eran ovaladas o cuadradas, pero en las islas siempre eran redondas. La chimenea atravesaba el techado de paja, para mantener encendido un fuego central con el caldero.

Como vemos, sus lugares de residencia no eran lujosos. Pero eran considerados jactanciosos por los pueblos contemporáneos. Le daban una importancia suprema al adorno, mucho más que a las viviendas. Su lujo más importante eran los cabellos, los que no eran rubios se los decoloraban con cal y les gustaba adornarlos con cuentas de oro. Los cabellos tenían que brillar.

Todo lo ornamentaban con oro o plata, desde las armas hasta la vestimenta que lucían decorada con hilos de oro y ribeteados con el mismo material entre los más pudientes. También lucían gran variedad de cuadros y rayas en su atuendo.

Iban a la guerra desnudos, ataviados con un collar, gritando y produciendo un ruido infernal. Solían llevar una capa que evidenciaba el rango del portador según el largo. El collar se llamaba Torques y, de acuerdo al estatus social de quien lo llevaba era de oro, plata o bronce.

Su principal interés era la guerra pero también se apasionaban por escuchar música, reunirse a escuchar poesía y narraciones orales.

Gustaban tanto de las batallas como de los banquetes.

Si hay una característica que une a todo el pueblo celta más allá de su ubicación geográfica es su casi fanático sentido de la independencia y la libertad.

Las fuentes, sobre todo romanas, nos muestran las costumbres de este pueblo. Amantes de los banquetes. Les complacía acompañarlos por el canto de los vates que narraban sus hazañas y el favor de los dioses. Trataban de conservar su cuerpo, no engordar ni tener barriga. Ninguno era perfecto si sobrepasaba la marca prefijada en su cinturón. Odiaban la obesidad.

Se dice que eran altos de cabellos rubios o castaños y de ojos claros, los hombres usaban bigotes o barbas. Las mujeres trenzaban sus cabellos, usaban joyas y cascabeles en el borde de sus vestidos.

Culto a la cabeza

No debemos olvidar que se trata de un pueblo guerrero, nómada, belicoso y en muchos casos cruel. Fueron capaces de la más sutil imaginación, pero nunca dejaron de ser "cortadores de cabezas".

La iniciación de un joven guerrero consistía en salir en busca de una cabeza humana. Si volvía con ella, adquiría los derechos de un adulto.

Luego del combate se llevaban como trofeos del campo de batalla, las cabezas de sus enemigos para exhibirlas en las murallas de las fortalezas. Pero para ellos, esas cabezas eran mucho más que un simple botín de guerra. Para ellos la cabeza era el sitio donde residía el alma, el centro del ser humano.

Al retener las cabezas de sus enemigos estaban seguros de que obtenían protección contra los poderes mágicos que estos poseían. Con el tiempo, las cabezas humanas fueron dejadas de lado y sustituidas por cabezas de piedra, madera, metal o huesos, las que creían dotadas de los mismos poderes.

Pensaban que las cabezas no solo podían mantenerlos fuera del alcance del mal, sino que también seguían viviendo con independencia de la muerte del cuerpo. Algunas podían hablar, cantar y profetizar.

Antes de salir a la batalla, los guerreros pedían a sus compañeros que si caían en combate, les cortaran la cabeza y se las entregaran a su familia. Esta la conservaría en el mejor lugar de la casa.

Las cabezas que, según hemos dicho, seguían viviendo después de la muerte de su propietario, tenían poderes para el bien y para el mal. Algunas como la de Bran, presidían las fiestas del otro mundo, actuando con tanta eficacia como cuando estaban vivos. Y tenemos aquí el antecedente más remoto de las calabazas de Halloween.

La Muerte

¿Pero qué creían sobre la muerte? Se dice que al abandonar la isla de Erin, algunas tribus de Dañan se retiraron al "más allá", que era un lejano país llamado Mag Mell, lo que significa, "la llanura del gozo", donde los siglos son segundos, los habitantes no envejecen, los campos están eternamente floridos y los guerreros comen, beben y tienen compañeras de gran belleza, es una especie de diversión continua.

Esta concepción corresponde en la mitología artúrica con la Isla de los Manzanos, o Avallon, donde reposan los héroes, y el mismo rey Arturo. Esta creencia de un país de ultratumba, ubicado más allá de la puesta del sol, aparece en todos los pueblos oceánicos. Pero en el caso de los Celtas este mundo de felicidad absoluta está ligado más al mundo feérico que a la religión druídica o a los ciclos míticos.

En realidad, lo que ha llegado hasta nuestros días sobre la religión que transmitían los druidas es impenetrable. Conocemos a los ciclos míticos por los relatos que se han conservado en forma oral. El fondo de todas las creencias está absolutamente relacionado con el mundo mágico.

Los dioses

No es propio hablar de los dioses celtas de una manera literal y genérica, porque estaban constituidos por una cultura mixta que yuxtaponía sus dioses a los locales, y a los de los pueblos conquistados.

Por la amplitud del territorio que ocupaban, su panteón resulta muy numeroso, dioses y diosas varían de un pueblo a otro. El panteón insular, no solo es el más rico sino también el más popular.

En un sentido amplio, el universo celta se dividía en tres niveles: el de los simples mortales, el de los héroes y el de los dioses.

Creían en la reencarnación. Y no hay en las fuentes prueba alguna de que creyeran en algo parecido al cielo. A lo sumo, por lo poco que se conoce de las enseñanzas druídicas, existía una especie de inframundo en el que pasaban el tiempo las almas entre una reencarnación y otra.

Gran parte de lo que sabemos está tomado de fuentes romanas, pues los celtas no dejaron fuentes escritas, todo el conocimiento era por vía oral, consideraban este conocimiento sagrado y no querían que cayera en manos extrañas. Además fueron los romanos los primeros que trataron con los celtas.

Los relatos irlandeses son los que contienen los datos más antiguos de que tenemos conocimiento. Aunque en un principio parece que solo estuvieran relacionados con Irlanda, con el correr del tiempo, estos dioses aparecen en todas las creencias de los diversos asentamientos celtas, tanto insulares, como continentales.

Pero cabe preguntarse cómo aparece en este contexto el variado mundo feérico tan excluyente en esta cultura.

Se dice que los Firg Bolgs, primitivos habitantes de Irlanda, fueron derrotados y expulsados de la superficie de la isla, por los Tuatha de Danann –los hijos de Danu–, y, por necesidad, estos Firg Bolgs se convirtieron en hadas, ya que se vieron obligados a refugiarse bajo las colinas. Cuenta la leyenda que pudieron hacerlo porque eran grandes maestros de magia.

El mismo camino siguieron sus vencedores, que fueron llamados por el pueblo Daoine Sidhe, "Hijos de Danu que habitan en montículos mágicos". Ellos constituyeron el pueblo feérico de Irlanda, que se conoce hasta el día de hoy. Los hijos de los Tuatha de Danann que tenían sangre divina fueron primero héroes y luego se convirtieron en hadas.

Estos hijos de Danann, altos y hermosos en un principio fueron disminuyendo de tamaño, con el correr del tiempo, hasta que pasaron a ser "gente diminuta".

Danu: es considerada como la diosa madre de la cual descienden todos los demás. Es la más antigua y tal vez la más importante del panteón. Era la madre divina de toda la tribu y si recibía la adoración que debía, hacía florecer la tierra y traía prosperidad.

Airmid: hija del dios de la medicina Diancetch. Se la invocaba para ayudar en todas las artes mágicas relacionadas con la curación.

Ayne: era la diosa irlandesa de los ganados. Se celebraban procesiones con antorchas en su honor, cuando agitaban las llamas sobre los campos sembrados se decía que aseguraban una buena cosecha y reproducción. Se la invoca también como protectora de las mujeres y rectora de las hadas conocidas como Dinschenchas.

Dagda: Es una divinidad pancéltica. Es el dios de los druidas y es druida él mismo. Señor de la sabiduría. Por lo tanto dios absoluto. Guerrero, artesano, agricultor y druida supremo. Poseía un caldero mágico en el que podía revivir a los guerreros muertos en la batalla. Poseía un arpa mágica y manejaba la rueda de la vida. Trajo de su mundo superior la piedra de la vida (ver Arquetipos).

Angus Mac Ogg: Dios del amor y la belleza (ver Arquetipos).

Bean-bha: No existe mucha información de esta diosa guerrera, excepto que protegió a la isla de Erin. Forma parte de la trilogía junto con Eire y Fothla. Bean -bha constituye el aspecto terrenal de las tres. Es una famosa hechicera. Y es invocada para intensificar el valor en la batallas, y ayudar en las artes mágicas.

Brigit: Era tan popular que la Iglesia católica no pudo desterrarla, y la convirtió en Santa Brígida. Era poetisa, adorada por los poetas.

Diancecht: Patrono de la medicina. Amaba a sus dos hijos, Airmid y Miach, hasta que estos lo superaron. El dios, ofendido mandó matar a Miach, mientras que Airmid huía. En la tumba de Miach crecieron hierbas medicinales que, se decía, curaban todas las enfermedades. Airmid las clasificó según sus propiedades curativas. Su padre nuevamente envidioso las desordenó, por eso es que aún hoy no se pueden curar todas las enfermedades.

Eire: ha sido siempre el nombre de Irlanda. Se la consideraba protectora de la isla Esmeralda. Hija de Dagada y Delbaeth, la magia de Eire es muy poderosa. Arroja hacia sus enemigos bolas de barro, que caen transformadas en cientos de guerreros luego de tocar el cielo. Su nombre significa "hija del sol". Se invoca por sus cualidades de liderazgo.

Goibnyu: el herrero divino, parte de la trilogía masculina formada por Luchtayne, el joyero, y Credne, el calderero. Eran los encargados de construir armas mágicas, lanzas que no podían fallar, espadas que atravesaban el metal, escudos impenetrables. En cada herrería se mantenía un fuego encendido permanentemente en su honor.

Lugh: (ver Arquetipos).

Morrigan: diosa guerrera. Forma la trilogía de la guerra junto con Nemand y Macha. Es la más importante del trío: Nemand confunde a los enemigos, haciendo que luchen entre sí, Macha, goza con la matanza indiscriminada y Morrigan es la que infunde fuerzas y valor sobrenaturales a los héroes.

Nuada: primer rey de los Tuatha de Danann y luego, dios guerrero. Poseía la Espada Invencible.

Ogma: dios de la literatura. Era uno de los hijos de Dagda.

Estos dioses irlandeses no eran ajenos a la envidia, la cólera, la venganza, ni inmunes a los engaños. Todo este mundo resulta, en primera instancia, impenetrable. Pero luego nos atrapa su extraña belleza. Lo extraño deriva de haber sido producto de un pueblo de fiera belicosidad, pero que confirió a sus deidades un sugestivo halo mágico.

Los seres feéricos

Los seres feéricos creados por esta cultura cortadora de cabezas, despiertan gran adhesión hasta el día de hoy.

Como el panteón divino, este mundo sufre variantes entre las distintas naciones celtas. Y no se debe obviar la influencia del cristianismo en la pérdida de muchas de estas leyendas cuyos rastros solo pueden seguirse a través del folclore.

El mito pasó a transformarse en mágico. Los Daoine Sidhe eran los primitivos habitantes míticos de Irlanda que, cuando fueron derrotados, se fueron a vivir bajo las colinas, pasando así a ser hadas. Este mundo feérico infinitamente rico es el que convive aún hoy con los habitantes de las islas y que ha inspirado a todos los poetas irlandeses. Este mundo constituye una especie de universo paralelo donde la vida es más feliz.

Las hadas también reciben el nombre de "buenas gentes", porque hay una creencia que sostiene que es de mal augurio llamarlas por su verdadero nombre. Las personas alegres tienen más posibilidades de recibir favores de las hadas. Nada les agrada tanto como las personas enamoradas.

Celosas de su privacidad castigan con todo su poder a aquel que se atreva a invadirlas. Y también son castigados con enfermedades aquellos que se jactan de haber recibido sus favores.

Tienen gran afición por la limpieza y el orden. Entre sus ocupaciones más corrientes se encuentran las cabalgatas, en realidad todos los seres de este mundo son amantes de las cabalgatas y procesiones sobre caballos en miniatura de diversos colores y adornados con campanillas.

La danza es por excelencia el arte de la hadas. Expertas en ella son infatigables. Cuentan que entre los campesinos gaiteros hay muchos que han logrado memorizar sus melodías.

Gozan del poder de cambiar de forma.

Se dice que tienen gran reputación para gran diversidad de cosas, se las oye trabajar por su cuenta. Y hay quienes afirman que enseñan cosas a los mortales. También dicen que son un doble de la humanidad. Hay niños y ancianos entre ellas y practican toda clase de oficios y negocios. Hábiles para hilar tanto como para cantar.

Se dice que seducen a jóvenes para llevarlos a sus palacios y convertirlos en esclavos. Pero sobre todo atraen a los jóvenes bien dotados para la música y desean especialmente a los jóvenes apuestos para convertirlos en sus amantes. Gustan mucho del pelo dorado de los mortales. Esta captura de mortales siempre se atribuye a fines amorosos, adquisición de esclavos, de talento musical, de leche de madre en el caso de que rapten a una joven parturienta. Pero el deseo principal es la necesidad de sangre nueva y vigor en su linaje.

Suelen atribuirse a la hadas las enfermedades debilitantes. A veces, el debilitamiento se debe a una única experiencia amatoria en el mundo feérico, que deja tras de sí deseos insatisfechos en el mortal.

El poeta Yeats afirmaba conocer a un anciano que era atormentado por las hadas, que lo sacaban de la cama y lo golpeaban.

Pero devuelven actos de bondad con buena fortuna permanente.

No es común que las hadas vuelen con hadas, generalmente, vuelan sobre hojas o ramas.

La mayoría de las personas cree que las hadas son eternas, sin embargo, William Blake refiere el funeral de un hada: "Una procesión de criaturas de color y tamaño de los saltamontes, verdes y grises, que llevaban un cuerpo tendido en el pétalo de una rosa, al que enterraron con cantos; y luego desaparecieron".

También se dice que las hadas viven durante muchísimos años pero al final se consumen y desaparecen.

Las hadas se encuentran en grupos o solitarias. Las primeras son las hadas hogareñas que viven en grupos familiares, pueden ser buenas o malvadas. Se dice que llevan chaquetas verdes. De tamaño diminuto. Algunos grupos viven bajo la tierra y solo suben para celebrar sus festivales en las noches de luna.

Les gusta visitar casas humanas y se las describe como sumamente hermosas. Estas hadas buenas muestran grandes atenciones a quienes les toman afecto; distraen a los ancianos enfermos, llenan el aire con perfumes de flores. Otras visitan individualmente a los mortales como amantes.

No todas son benévolas. Las Gwyllon de Gales, son malvadas. Asaltan y extravían a los viajeros en los caminos de montaña.

Las hadas solitarias son, en cambio, espíritus de la naturaleza. Varían según los lugares:

Bean Nighe: es un hada que se puede encontrar junto a los cursos de agua desolados, lavando las ropas teñidas en sangre de los que van a morir. Es pequeña y generalmente va vestida de verde. Anuncia un mal, pero si alguien que la ve antes de haber sido visto se coloca entre ella y el agua, recibirá tres deseos. Ella responderá a tres preguntas, pero formulará tres preguntas a su vez, que hay que responderle con suma cortesía.

Banshee: tiene el cabello largo y ondulado. Va vestida con una capa gris, vestido verde y tiene los ojos de un rojo ardiente que siempre lloran. Es profetiza de la muerte.

Caoineag: es otra de las formas de la Banshee. Pero no se la ve y no es posible pedirle deseos. Solo se la escucha gemir en la oscuridad junto a una cascada, antes de que sobrevenga una gran catástrofe. En otra leyenda se la presenta con un llanto extremadamente ruidoso y lastimero, que a veces llega a convertirse en una especie de grito. Se la describe como una mujer pequeña, vestida con un atuendo corto de color verde y enaguas, con una toca alta de color blanco. Carece de nariz y tiene un solo diente.

Clurican: Es una de las hadas solitarias que gusta divertirse en las bodegas de los bebedores o asustar a los ladrones de vino. A veces, resultan tan insoportables que los dueños deben mudarse, pero el hada no dudará en introducirse en un barril de vino para mudarse con él. Se viste con llamativas prendas, casaca y gorro rojos, un delantal de cuero, medias de color azul claro y zapatos con hebillas de plata y tacón.

Lepracaum: Es el zapatero feérico. Siempre se lo ve haciendo un zapato.

Fir darrig: Es la gran bromista. Lleva un gorro y una chaqueta rojos, y es el que ayuda también a escapar a los mortales del país de las hadas.

La corte bendita es el nombre dado al grupo de hadas bondadosas. Se dedican a donar pan y semillas de trigo a los pobres, y ayudar a sus favoritos. Se presentan benéficas con cualquiera que les haga un favor. Sin embargo se vengan de cualquier ataque o insulto.

La corte maldita en cambio en ninguna circunstancia es favorable a los humanos, comprende a la banda de los muertos que no han recibido sacramentos y que flotan sobre la tierra.

Su actividad principal es hacer daño y molestar a los mortales.

Existen entre estos seres los "heroicos". Los caballeros y las damas de la narraciones que son de estatura humana y belleza resplandeciente. Los más auténticos de estos seres son los Daoine Shide, que dedicaban su tiempo a las actividades aristocráticas, caza, cabalgatas, danza, música, banquetes. Una vez que adquieren la categoría de hadas, su tamaño es variable, pueden ser minúsculos, u horriblemente monstruosos, mientras que otros son realmente majestuosos. No se sabe por qué se ha producido este cambio.

Los animales feéricos existen también en este mundo. Algunos son domesticados y criados para uso exclusivo de las hadas. Entre ellos hay perros, caballos pequeños, que en general tienen el poder de cambiar de forma, y son los que utilizan las hadas en sus cabalgatas.

Los más majestuosos de todos son, sin duda alguna, los de los Tuatha de Danann, porque estos, como todos los seres feéricos heroicos, pasan la mayor parte de su tiempo en cabalgatas. Cuentan quienes han tenido el privilegio de verlos que son *"Veloces como el viento, con el cuello arqueado, y el pecho ancho, los ollares temblorosos. Los grandes ojos mostraban que estaban hechos de fuego y de llamas, no de tierra inerte y pesada, los Tuatha hacían para ello grandes establos en las colinas, e iban herrados con plata y tenían bridas de oro. Nunca se permitía que un esclavo montara en ellos. La cabalgata de los caballeros de los Tuatha de Danann era un espectáculo maravilloso. Ciento cuarenta corceles, cada uno con una joya en la frente como una estrella, y ciento cuarenta jinetes, todos ellos hijos de reyes, con sus mantos verdes ribeteados de oro y sus yelmos dorados en la cabeza, con las piernas cubiertas de grebas doradas"*, (relato de Lady Wilde).

Se dice que el último de estos caballos fue subastado a la muerte de su amo. Lo compró un funcionario inglés que en cuanto trató de montarlo, el animal se encabritó y lo arrojó al suelo matándolo en el acto. Luego huyó, galopando, se sumergió en el lago y no se lo volvió a ver jamás.

La vaca parda de Kirkham es de carácter benéfico, vaga libremente y se deja ordeñar por quien lo desee. Por muchos que sean los cubos a llenar siempre rebosarán. Pero para que esto ocurra el campesino tiene que ser del agrado de las hadas.

Los gatos son seres feéricos de por sí, el Cait Sidh, era negro con una mancha blanca en el pecho. Es el gato feérico por excelencia.

Árboles mágicos

Como es fácil deducir, también, para los pueblos celtas, existen árboles mágicos. Casi todos llevan asociado un concepto sagrado, como se verá más adelante. Pero la gran trilogía está formada por el Roble, el Fresno y el Espino. Entre los frutales el poder mágico se asoció con el Manzano y el Avellano.

Algunos árboles tienen personalidad propia y otros son habitaciones de hadas.

El Roble era el más importante y objeto de culto de los druidas. Tenía la categoría de semidiós y se ofendía terriblemente si lo cortaban. Un bosque de robles que hubiera brotado de las raíces de robles talados hubiera sido maléfico. Constituía un peligro atravesarlo por las noches.

El Espino era un árbol consagrado a las hadas, o frecuentado por ellas. Esto es especialmente cierto en los espinos solitarios que crecen cerca de las colinas de hadas, o en círculos de tres.

Los Sauces eran los más siniestros, puesto que tenían la costumbre de desenraizarse durante las noches más oscuras y perseguir a los viajeros solitarios, al tiempo que iban murmurando.

El Saúco era considerado sagrado. También se creía que era necesario pedir permiso al árbol antes de cortar una rama. Se decía que las hadas buenas encontraban protección contra las brujas y los malos espíritus bajo sus ramas. Muchos saúcos están, aun hoy, bajo la sospecha de ser brujas transformadas, y se cree que si los cortan sangran.

Hay casi una multitud de seres creados por este pueblo guerrero y a la vez creador. Además de las hadas se encuentra otro mundo de seres que a veces ayudan y a veces son terriblemente malignos. Estos seres están presentes hoy en el imaginario de todos los habitantes de las zonas de las islas Británicas.

Los Bauchan que son una especie de diablitos, que unas veces son serviciales y otras malvados. Algunos se encariñan sobremanera con los humanos y los acompañan durante toda su vida.

Los Bogies son un grupo de criaturas maléficas y hasta peligrosas, que se complacen atormentando a los humanos. A veces rondan en grupo los castillos encantados o las regiones pantanosas, con el solo objeto de asustar a la gente, en general son duendes solitarios. Miembros de "la corte maldita" que tienen el poder de cambiar de forma.

Los Brownies son los duendes domésticos más conocidos por los habitantes del mundo, porque se han trasladado en todas las direcciones. Son peludos, un poco brutos. En la casa en la cual eligen instalarse, ayudan en las tares domésticas durante la noche. Por lo general, están dispuestos a trabajar solo a cambio de una pequeña ración de comida. Son muy susceptibles y, como a la mayoría de los duendes, no les gusta que los espíen, o que se critique su trabajo. También son muy exigentes con la comida que reciben que tiene que ser de buena calidad.

No es aconsejable darle ningún tipo de regalos y es posible que se marchen de la casa si se les regala ropa, porque un Brownie es muy vanidoso y se va corriendo al país de las hadas a mostrar su ropa nueva.

Boggart es un Brownie maligno, suele decirse que los Boggarts tienen nariz larga y afilada y los Brownies no tienen nariz, sino solo dos orificios. Se dice que estos últimos cuando son maltratados en una casa se convierten en Boggarts, y hacen todo tipo de maldades y travesuras y es muy difícil sacarlos de la casa.

Los Bwbachods son muy parecidos a los Brownies, pero aborrecen a los abstemios y a los pastores protestantes. Y parecen disgustarles los niños.

Los Coblynaus son duendes mineros, originarios de Gales. La gente dice que miden 90 cm de altura, que visten de manera parecida a los mineros humanos y que son grotescos y feos, aunque tienen muy buen humor y traen buena suerte. Con el sonido de sus picos guían a los mineros a los filones más ricos. Si las personas se burlan de ellos les arrojan piedras. Siempre parecen muy ocupados, pero en realidad no hacen nada.

Los **Ellyllon** en cambio son personajes diminutos y elegantes que se alimentan solamente de setas y mantequilla de hadas. Se los encuentra siempre en los hongos amarillos.

Gnomos, Trows, son parecidos a los escandinavos, más pequeños que los humanos. Son traviesos y malignos. Se convierten en piedras al exponerse a la luz del sol. Además les temen a los hombres.

Gnomos Kunal, son una casta muy especial en el mundo feérico. Se cuenta que entre ellos no hay mujeres por lo cual se ven obligados a casarse con mujeres humanas, pero si nace un bebé gnomo, la madre muere. Los Kunal, nunca vuelven a casarse, y llevan una vida solitaria hasta que su hijo crece, entonces ellos también mueren. Algunos se niegan a casarse y así viven eternamente, aunque esto constituye un desafío a sus propias leyes, porque si no contraen matrimonio en la edad adecuada son expulsados de su grupo y de su tierra y se ven obligados a vivir en el exilio, y es por ello que es tan fácil encontrarlos en todas partes del mundo.

Los demás gnomos son más parecidos a las hadas y a los duendes comunes, muy amantes de la música. Diminutos y vestidos de gris. Oírlos trae buena suerte, pero verlos, mala.

Las personas suelen temerles pero cuando un gnomo se encariña con alguien sólo le hace bien.

Los Goblins en cambio son perversos, pequeños y malignos, son felices asustando y dañando a la gente, son feos y bastante fuertes. Viven en cuevas subterráneas.

Los Redcaps, (gorros rojos) son tal vez los más perversos. Les gusta vivir en torres y castillos. Se los describe como hombres viejos, de anchas espaldas, con dientes largos que sobresalen, brazos finos, manos delgadas como garras. Usan botas de hierro. Tiñen sus gorros de color rojo con la sangre de algún viajero incauto. No hay fuerza humana capaz de derrotarlos.

Los Hogoblins, en cambio son amistosos, pueden ser traviesos y aficionados a las bromas. Pero son buenos por naturaleza.

Les gusta habitar entre los humanos.

Los Picts, son un grupo del que se sabe poco. Se dice que construyen sus casa de adobe y altas torres con ventanas pero sin puertas, a las que se accedía por una cuerda. La gente dice que son pequeños, diminutos, pelirrojos, de brazos muy largos y enormes pies. Magníficos constructores, trabajan a tal velocidad que pueden construir un castillo entero en una noche.

Los **Pixis** son duendes alegres y traviesos. Pueden tener diferentes aspectos, pero en general son pelirrojos, de nariz respingada, bizcos y de boca grande. Usan ropa verde. O bien van desnudos.

Los **Puck** son los bromistas a quienes les gusta desorientar a la gente. De excelente sentido del humor, son sumamente cariñosos con los seres humanos. Los ayudan en las tareas domésticas. Se los conjura mediante el regalo de vestidos. Tienen el poder de cambiar de forma. Su aspecto es el de un pequeño sátiro con cuernos y patas y pezuñas de cabra.

Los **Spriggans** eran horribles y feroces. Se los consideraba como guardaespaldas de las hadas. Eran diminutos, pero cuando peleaban, se convertían en seres de gran tamaño.

Los **Uriks** son originarios de las colinas de Escocia. Es una gran suerte tener uno en casa, ya que se ocupa de las tareas domésticas. Suele tener un lugar preferido en el cual pasear. Y cuando se siente solo busca la compañía humana, escoltando a alguien, que por lo general, se horroriza por ignorar que son inofensivos.

Los **Gruugachs** pueden ser de dos géneros. O es una dama vestida de verde, con largos cabellos dorados, la mayoría de las veces hermosa. O bien, jóvenes masculinos, atractivos y esbeltos, vestidos de verde y rojo, la mayoría desnudos e hirsutos. Ambos dedicados a ayudar en el hogar.

Aquellos que crean que los seres mágicos quedaron en el arcón de las viejas tradiciones celtas, se equivocan. Cuentan que un inmigrante irlandés que utilizaba una destilería ilegal en Australia, nunca olvidaba dejar la primera muestra fuera de la casa, en un plato, para las hadas que habían emigrado con él. El día que se olvidaron de dejarlo, la destilería fue descubierta. Hay otro testimonio, en el cual, los protagonistas son los Gobblins que siguieron a una familia llevándole una caja de sal que se habían olvidado.

Lo mismo cuentan que ocurre en las mudanzas. Si los seres se encariñan con los humanos, los seguirán adonde vayan.

Poesía

Para este pueblo guerrero e imaginativo, la poesía no constituía un mero entretenimiento. Para esta cultura que no poseía escritura generalizada, el recurso de la memoria de los poetas constituía el medio más idóneo para conservar la tradición oral, la memoria colectiva, hasta la llegada de los monjes celtas irlandeses que comenzaron con su infatigable labor de recopilación.

Entre los celtas se distinguía sobremanera al bardo (vestido de color azul) y al vate (vestido de color rojo) de los cantores ambulantes que divertían y entretenían, puesto que no tenían la educación de un poeta.

Cuentan que cuando los ejércitos libraban las batallas los poetas de ambos bandos se retiraban juntos a una colina y desde allí discutían la lucha, juzgaban a los guerreros y éstos debían aceptar luego su versión del combate, y si se merecía ser conmemorado en un poema.

De estas recopilaciones nació el famoso *Mabinogión*, recopilado en la Edad Media, por los narradores de la corte de Normandía.

Fiestas y períodos estacionales

Debemos tener en cuenta para considerar la importancia de las festividades en la cultura celta que, como todo pueblo guerrero, daban primacía a los dioses de la abundancia. Es por eso que las fiestas son componentes de un calendario íntimamente ligado a la fertilidad, épocas de cosecha y temporadas de primavera y verano.

Si bien en la segunda parte de este trabajo haremos referencia a cuáles son las relacionadas con la adivinación, es importante hacer aquí una mención a las varias fiestas de la cultura celta que perduran hasta el día de hoy.

A la sucesión de estaciones se la representaba con una rueda de ocho rayos, que se utiliza también como símbolo de la vida, muerte y regeneración.

Los celtas resumían el ciclo de la vida, y el tiempo estacional en un solo símbolo que como se verá responde a una concepción del universo basada en motivaciones absolutamente naturales.

Las festividades que estaban determinadas por la posición del sol eran ocho. Todas ellas tenían una característica común, la culminación de un ciclo, y el comienzo de otro. Se realizaban celebraciones con comidas y bebidas, danzas, cantos, y la invocación a la deidad correspondiente. Cada fiesta se organizaba de la siguiente manera:

- Apertura del círculo ritual: el druida que se encuentra fuera de la rueda formada por los participantes ingresa en ella iniciando la sesión.
- Afirmación del propósito: las razones de la reunión
- Invocación a los dioses: convoca a la deidad o deidades que participarán de la ceremonia, a las cuales se les solicitará ayuda o se les agradecerán los favores recibidos.
- Encendido del fuego ritual: usualmente con las maderas o ramas de los árboles asociados al ritual.
- Representación del significado simbólico.
- Liberación de las deidades invocadas, con el correspondiente agradecimiento de todos los presentes.
- Ofrenda ritual de libaciones y alimentos.
- Cierre del círculo ritual: el druida deja la rueda cerrando la sesión.

Samhain

Fin del verano. Noche del 31 de octubre y el 1 de noviembre. Coincide con Halloween. Es una fiesta de cosecha. Para el plenilunio de Samhain toda la cosecha debe estar levantada.

Para el druida este período constituye la época más importante del año, pues es lo que le permite acceder con mayor facilidad a las energías del mundo espiritual, canalizadas por la presencia en el mundo intermedio, sea nuestro, de las almas de los ancestros y de las deidades.

Samhain es el período inicial de apertura a los otros mundos, así como también el comienzo del fin de año druídico, con su relación con el ocaso y el surgimiento.

La noche del 31 de octubre es el instante en que la antigua diosa muere, para retirarse a la tierra de los muertos en espera de su resurrección en Yule. De allí que la alimentación de los espíritus para el camino sea parte importante del ritual. Se colocan linternas con velas en las ventanas, para alumbrarlos en su largo viaje. Es este el origen de Halloween.

Lo importante del ritual es la forma en que el druida los conduce para ayudar a los fieles a captar la energía de la Diosa. Se procede de la siguiente manera:

1. Velando la muerte de la Diosa, ofreciéndole bendiciones y consuelo, deseándole una pronta y auspiciosa resurrección.

2. Otorgar una vela para conducir a cada una de las deidades en el camino hacia el inframundo, esas velas deben permanecer encendidas hasta Yule.

3. Libaciones en honor a los dioses, así como también alimentos en su honor, nombrándolos a cada uno individualmente.

4. Mencionar a cada uno de ellos las razones por las cuales los invocan, asegurarles que su próxima reencarnación en Yule será esperada ansiosamente.

5. Desearles un viaje placentero.

6. Crear un ritual con máscaras, simbolizando la presencia de los dioses, y asegurándoles su presencia eterna y su vuelta.

7. Dramatizar su muerte y su reencarnación, asegurándoles luego que su energía contribuirá a ayudar a sus protegidos humanos.

8. Pedido a la Diosa que viaja al otro mundo que interceda por los humanos ante los demás dioses, solicitándoles sus favores y su beneplácito.

Ymbolg

La fiesta del 1 de febrero. En honor de Brigit (Santa Brígida actual).

Esta fiesta de primavera presenta una característica netamente femenina, como el ritual de renovar los fuegos del hogar, una cena familiar donde las mujeres deben utilizar vestidos nuevos confeccionados especialmente para ese día.

En Ymbolg, Brigit es la diosa primigenia, la madre que amamanta y la doncella renacida. En honor a ella tanto en los antiguos rituales druídicos como en los muchos actuales, todos los integrantes del ritual, en orden de edades, toman su turno para hacer pasar por sobre sus cabezas y a lo largo de su cuerpo el cinturón de Brigit, simbolizando así el viaje de la diosa del fuego a través de la "distintas zonas del cielo y el otro mundo".

La ceremonia de Ymbolg se centra alrededor del fuego del hogar. El símbolo de este "ciclo nuevo" son una muñecas que se confeccionan con ropa propia de las mujeres y que representan a la diosa desposada, y se las coloca fuera de la casa, simbolizando el invierno. Cuando la casa está lista, en cuanto a aseo y limpieza, sacando todas las cosas viejas que ya no se usan, el hombre de más edad vuelve a entrar la muñeca por la puerta delantera y la mujer más joven vestida de blanco enciende el fuego del hogar.

Durante la ceremonia se realizan invocaciones a la diosa, cantos dedicados a ella. Invitándola a que se acerque, e invocar a la energía de la diosa para mantenerla allí durante todo el año.

Beltayne

1 de mayo. Fuego de Bel. Es un período muy vital y lujurioso. Es el segundo de los rituales de primavera (siembra y pastoreo). Beltayne da comienzo a la tempo-

rada de verano. Y es importante tener en cuenta que los celtas solo guerreaban durante el verano.

Durante el ritual, los rebaños son arreados a través de dos hogueras antes de enviarlos a las tierras de nuevas pasturas. En los comienzos de la historia los druidas y jefes celtas acudían de todas partes a encender antorchas en el fuego atendido por el druida rey, y regresaban con ellas a sus pueblos, donde las utilizaban para encender los fuegos centrales de las casas.

Durante este mes se realizaba la asamblea anual druídica en la Galia, en lo que sería la zona de Chartres actual.

Otra práctica de Beltayne es la erección de la columna de mayo, un poste de madera engrasada, alrededor del cual los hombres cantaban y bailaban antes de insertarlo en un agujero cavado en la tierra por las mujeres del grupo. Este es un ritual netamente erótico y que tiene como motivo la petición de fertilidad.

En esta época las ropas son coloridas y los diseños creativos, incluyendo el uso de disfraces.

El fuego ritual debe encenderse al llegar el crepúsculo, tratando de que tanto el fogón como la hoguera misma estén diseñados en forma creativa.

Todo el ritual tiene profundas connotaciones sexuales, se invocan por lo tanto a dioses y diosas que tienen que ver con el amor. Así como también se invoca a deidades de la fertilidad y seres de la naturaleza.

Lughnassadh

Es en honor al dios Lugh. Se realiza el 1 de agosto y es la segunda fiesta de cosecha.

Es el periodo de cosecha de granos, durante el cual se ciega la mayor parte del trigo, cebada, centeno y avena, con los que se prepara una gran cantidad de panes como ofrenda a los dioses. También se recogen frutas y vegetales. En este ritual, también se venera a la diosa Madre como dadora de abundancia. Los panes rituales deben ser ofrendados a los animales del bosque y a las criaturas feéricas que concurren a la ceremonia, ya que son los dioses que se han refugiado en sus palacios, bajo las colinas y que ese día en particular subirán a la tierra.

Se invoca al dios Lugh y a Dana en su aspecto de diosa de la Abundancia.

Yule

Se celebra el 23 de diciembre. "El regreso del sol", es el día del solsticio de invierno. Es la transición entre Samhain y el inicio de la primavera en Ymbolg. Es una de las fiestas más antiguas y más difundidas de la tradición. No formaba parte del calendario druídico, ya que fue introducida por los Vikingos.

Los modernos cultos paganos celtas siguen con la fiesta.

La tradición Vikinga dice que en la jornada de Yule, el dios del año que se va combate con el rey de los robles, perdiendo la batalla. Entonces invocan a ambas deidades. Vencedor y vencido participan del ritual de celebración de sol.

Ostara

21 de marzo, equinoccio de primavera. Tampoco formaba parte del calendario druida. Deriva de la diosa teutónica de la primavera, Eostre, una diosa guerrera que sincretizaron con Aiffe.

Las prácticas modernas la tomaron y la celebran hasta el día de hoy. Es una noche de equilibrio, ya que la duración de la noche es la misma que la del día y las fuerzas de la luz vencen a las de la oscuridad.

Invocan a la diosa guerrera y se pide que los fuegos de ellas nos vuelvan invencibles. Pero también se invocan dioses del sexo opuesto y realizan una danza de cortejo.

Randaghadh

21 de junio. Mitad del verano. Solsticio de verano.

También es de origen noruego. Se celebra en el momento en que el sol alcanza el máximo de su energía, que para ellos es Vida.

Dana aparece aquí en su advocación de Reina de la abundancia. Simbólicamente embarazada de una gran cosecha, mientras que el dios Bel, su fecundador (El sol) esta es el ápice de su virilidad en su aspecto de Sol/Dios supremo.

Se realizan fuegos rituales. Y durante la invocación se solicita a los dioses su energía y su poder.

Se mantiene el fuego ritual encendido hasta la fiesta de Lugh.

Mabon

Se celebra el 22 de septiembre. Y su origen se remonta al dios galés de las viñas.

Es la celebración de la vendimia y el vino. Pero también de la recolección de manzanas.

Los druidas recogían manzanas frescas y las depositaban sobre túmulos funerarios para honrar a los seres míticos. Esto simboliza el agradecimiento de la cosecha y a la vez el deseo de todos los seres vivientes de reunirse finalmente con sus ancestros.

Invocaciones

Se realizan innumerables invocaciones durante las festividades y durante cualquier época del año. Las raíces de las mismas las podemos encontrar en las deidades a las que se rendía culto.

Aiffe

Se la invoca para pedir ayuda contra ataques y agresiones. Para lograrlo se quema romero.

Mab, Reina de las hadas

Se la invoca para solucionar problemas amorosos y es especialmente protectora de las mujeres. Para lograrlo se enciende fuego exclusivamente con madera de nogal. Se la simboliza con una piedra roja o un rubí.

Angus

Protector de los amantes desdichados. Se le ofrecen rosas y perfumes.

Ayleen

Su origen es poco conocido. Se la invoca para derrotar a los enemigos y controlar las ansias de venganza.

Morrigan

Se la invoca como hechicera para fortalecer los contactos con los seres feéricos.

Balor

Siempre es invocado contra los ataques enemigos.

Dagda

Se lo invoca en todas las festividades para solicitar energía y superar trances difíciles.

Cuchulaim

Se le pide protección, curación, prosperidad, ánimo y perseverancia. Hay que tener en cuenta que no es un dios sino un héroe.

Dana

Se la invoca en todos los rituales. Se le pide salud, fertilidad y fecundidad.

Graine

Se la invoca para pedirle tenacidad en los asuntos del corazón.

Caldero

Durante los rituales de Ymbolg se le solicita creatividad para facilitar contactos espirituales y destreza para manejar las herramientas mágicas.

Cailleach

Durante Samhain se la invoca para pedirle sabiduría.

Lugh

Es el que brilla. Se le solicita dinero, energía, trigo y pan.

Las cartas

Por qué cartas

Como en todo juego de cartas, siempre se muestra un camino que se puede llamar el juego de la vida; y cada una de ellas encierra un secreto, que solo será develado al consultante en el momento oportuno: cuando el cosmos decide responder. Por ello, a mayor conocimiento del significado arquetípico de las cartas, la comunicación y el mensaje será mejor comprendido, porque como sostienen los ilusionistas "las cartas se dejan adivinar". La cultura celta desde el inicio hasta el ciclo artúrico brinda una completa gama de arquetipos.

Arquetipos

1- Merlín
El Mago

Según la creencia popular es hijo de un íncubo y una princesa. En realidad, Merlín sabe que es fruto del incesto de su abuelo, quien necesitaba imperiosamente herederos y no tenía descendencia masculina. Y como la hija se negaba a tener descendencia urdió una trampa, durmiéndola con plantas somníferas. Así fue poseída por su padre y engendró a Merlín. Y se echó a rodar el rumor de que era el hijo del diablo. Merlín, recién conoce a su madre a los cinco años. Fue criado por un sabio quien le enseñó todo el saber de la época. Se dice que a los siete años ya había superado a su preceptor en sabiduría. A partir de allí, se queda en la corte donde se convierte en consejero de su abuelo. A la muerte de éste, se niega a ser rey y le ofrece el trono al hijo adoptivo de su abuelo Pendragón. También le aconseja seducir a Igerna, esposa de un rey rival con lo cual se desata una guerra en la que vence Pendragón. Toma por esposa a Igerna y adopta a sus dos hijas, Morcades y Morgana. De está unión nace, según el vaticinio de Merlín, el que sería el Rey Arturo. Entonces a los quince años tiene un discípulo a quien formar. Con el paso del tiempo Merlín se convierte también en maestro de Morgana. Años más adelante, cansado de la corte, Merlín se refugia en el bosque del Vall, en Armorica. Allí conoce a Niniana y junto a ella abandona al rey Arturo para vivir en una gruta del bosque a la que sólo ella tiene acceso. Vivieron juntos durante cincuenta años, en los cuales Merlín transmitió todas sus enseñanzas y todo su amor. Era Niniana quien le traía noticias del exterior y por ella se entera de la guerra desatada entre Mordred y Arturo. Y así, decide volver en ayuda de su rey desesperado. Medio dios y medio hombre, reunía las dos naturalezas, y siempre se sintió excluido de la sociedad. Se sabía distinto. Era clarividente, sabio, misterioso, seductor y gran maestro. Filósofo solitario y guía del futuro rey Arturo y de su hermana Morgana. Creador de la Tabla Redonda, ideal proyecto de justicia. Merlín nunca murió. Es el dios que existió en el tiempo en que el hombre estuvo solo.

Significado Adivinatorio

Guía interior que nos indica cuál es la dirección a tomar. Puede aparecer como un repentino pensamiento, o la visita de amigos, o una de las múltiples apariciones de la casualidad. Su sabiduría puede penetrar en todas las esferas de la vida.

También indica talentos potenciales. Una energía que pone en marcha nuevas oportunidades.

En el plano afectivo esta carta representa al gran amante ideal. Cuando sale, aparecen los mejores augurios para todos los ámbitos de la vida. Es la más poderosa. Cada uno es libre de organizar a su antojo su propia eternidad.

Claves

Libertad
Ruptura de cadenas
Sabiduría suprema

2- El Druida
El Sacerdote

Era el lazo unificador de todas las tribus. Sus grandes esfuerzos lograron preservar una cultura y una religión. Estaba por sobre la autoridad de los jefes tribales, ya que su oficio era considerado sagrado. Druidech en gaélico irlandés significa hechicero. Creían en la inmortalidad del alma y predecían el futuro al observar las entrañas de hombres condenados al sacrificio. La religión de los druidas se conoce poco porque sus enseñanzas se transmitían oralmente. Creían en la inmortalidad del alma y la transmigración de ésta a otros cuerpos. Los druidas se dividen en tres clases: druidas propiamente dichos, que eran filósofos, sabios y magos, quienes estaban encargados de mantener los principios de moral y estudiar los secretos de la naturaleza; adivinos, que sabían interpretar el lenguaje del roble sagrado por el murmullo de sus hojas al menor soplo del viento, el susurro de las ramas, un crujido del árbol o el retraso de su vegetación; y bardos, que eran poetas dedicados al altar. Los bardos constituyen el primer escalón para el aspirante a druida. El adivino es el segundo escalón y debe conocer el manejo directo de la energía, aprendiendo a trabajar con su sola voluntad. El discípulo se convierte en maestro cuando llega a druida. Así, los druidas son los miembros superiores del estamento sacerdotal. Dada su sabiduría, también manejaban el evolucionado sistema legal y las cortes de apelación. Era un conocedor de los secretos de la astronomía, la geografía y la naturaleza. Por esta razón, muchas veces la autoridad del druida estaba por encima de la del rey, hablando antes que el rey. Los druidas se reunían en las arboledas sagradas, preferiblemente en arboledas de robles y se dice que hacían una asamblea anual en el bosque de los Carnutos, al norte de Dublín. Eran los encargados de las ceremonias religiosas. Su tarea más importante era la enseñanza de la eternidad del alma, que no se destruye jamás, y tras la muerte pasa de un cuerpo a otro. Supervisaban los sacrificios públicos y privados. Eran jueces.

Significado Adivinatorio

Simboliza la ley espiritual. No tiene que ver con un sistema ni con un dogma, sino que es un hecho individual conectado con la fe interior.

Al aparecer esta carta, el individuo comienza a buscar respuestas de tipo espiritual, que pueden surgir con el estudio de una filosofía o un sistema de fe, o como la creencia de una profunda misión. El Druida nos indica que la propia fe puede mover montañas. Es una carta ambigua, que requiere estar alerta para no confundir la fe con la fe ciega. Por eso, cuando sale, hay que revisar los sistemas de creencias y prestar mucha atención a los consejeros que no siempre son lo que parecen. Esta carta anticipa la llegada de un maestro o guía o la búsqueda del mismo. También indica que se debe estar atento a nuestra voz interior. Es el equilibrio de los contrarios. También puede indicar el momento de volver la atención sobre los asuntos espirituales. Es el anhelo de comprensión, y el deseo de hallar significado a la vida real.

Claves

Maestro espiritual
Confidente
Guía

3- Dagda
El Padre Supremo

Dagda

El padre supremo

Deidad pancelta, es el omnipotente dios de los druidas, por ser druida él mismo. Dios absoluto, guerrero, artesano, agricultor. Es el poseedor del caldero mágico en el cual revive a los guerreros muertos en la batalla. Posee también un arpa mágica que va hacia a él si la llama. Maneja la rueda de la vida. Trae a este plano la piedra del destino y la espada de Nuada.

Rey y padre supremo de los Tuatha de Danann. Vive en el inmortal pueblo feérico de Irlanda, junto a su tribu. Cuando los Milesios ganaron la tierra, los obligaron a refugiarse bajo las colinas huecas. Ocultos aun tienen poder sobre la naturaleza. Dagda tiene cuatro palacios bajo las colinas huecas, que repartió entre sus hijos que hoy aparecen ante los mortales en forma de hadas y duendes.

El principal palacio que Dagda guardó para él era el de Brugh Naboinne. Pero uno de sus hijos, Angus Mac Ogg, quien había estado ausente el día del reparto se irritó al verse excluido. Entonces le pidió a Dagda el palacio por un día y una noche. Dagda accedió. Pero cuando terminó el plazo, Angus le respondió que se lo había dado para siempre ya que todo el tiempo consistía en un día y una noche que se sucedía uno al otro eternamente. Dagda se lo entregó porque aunque era el rey supremo de la raza de los Dannan podía ser derrotado mediante la astucia.

Es nuestro padre interior, que a veces puede ser benévolo o un tirano que nos limita.

Es la imagen del padre encarnando los ideales espirituales, los códigos morales, y la autosuficiencia.

Significado Adivinatorio

Para comprender el significado de esta carta hay que partir de la imagen del propio padre.

Como figura positiva indica la necesidad de concretar y de materializar ideas.

Como figura negativa indica un límite a ciertas conductas represivas y castradoras que no dejan aflorar la creatividad.

Por eso esta carta invita a convertirse en la propia autoridad y tomar las riendas de la vida.

También indica un momento en que los asuntos que atañen al mundo material son importantes, y es hora de hacerse responsable y plasmar los sueños en realidades. Las ganancias son importantes. Incluso puede indicar un momento para emprender un negocio o formar un hogar. También representa una autoridad influyente, una figura paterna, un poderoso amigo o un tirano terrible.

Claves

Pionero
Emprendedor
Líder
Autoridad
Paternidad

4- Dana
La Madre Suprema

Madre de Tuatha de Danann, que literalmente significa "los hijos de Danu". Primera gran diosa madre de la mitología celta. Estaba por encima de todos los dioses, y como tal, regía la maternidad, la fertilidad, el día, la primavera, y la sabiduría de la naturaleza. Desarrolla la feminidad en todos los aspectos. Le confiere una energía distinta. Irradia paz y armonía. Pero es amante y madre. Gobernante y sabia. Ideales espirituales sumamente elevados. Ofrece y recibe amor. Representa la alegría de vivir.

Significado Adivinatorio

Creatividad y fertilidad. Esta carta alude a los principios de la madre.

Es el opuesto a Dagda, porque espera el momento oportuno para la acción. Dagda representa los valores abstractos, Dana el valor del ser como parte de la naturaleza en su diario existir, lo cotidiano, la apreciación de los sentidos.

Indica un período más en contacto con nuestra naturaleza primaria. Experiencia del cuerpo como algo naturalmente valioso. Está relacionada también con la sensación de protección en el presente.

Como toda carta que representa a la madre puede indicar un embarazo, una boda, o creaciones artísticas.

Anticipa el tiempo de espera y las primeras intuiciones, que pueden llevar a la creación o la acción.

Claves

Maternidad
Amor
Alegría
Sabiduría
Fertilidad

5- Mab
La reina de las Hadas

Representante de las hadas diminutas. Sus aventuras son el sueño del durmiente. Es el hada que tiene la capacidad de hacer soñar. Aparece durante un breve espacio de tiempo para castigar al culpable con el pellizco tradicional en las hadas. También castiga la violación de la intimidad de las hadas. Mab, en particular, tiene una carroza arrastrada por insectos. Se refugia en una corola de prímula. Cabalga en un grillo. Su carroza es un caparazón de caracol. Para gozar del favor de Mab se debe colocar cada utensillo en su sitio, barrer el hogar y entrar agua, antes de que se ponga el sol, a quien no lo haga Mab le pellizcará en la punta del pie. Hay que dejar un tazón de agua clara y limpia en los lugares que frecuenta. La alegría es una de las cosas que más aprecia. Las personas alegres tienen muchas más posibilidades de obtener su ayuda. Lo que más detesta son las quejas. Nada le gusta tanto como los enamorados. Los que se jactan de haber recibido sus favores son castigados. La falta de generosidad desagrada sobremanera a Mab. Su comida está compuesta por hierbas y raíces. Su don más grande es su talento musical. Castigan a todos aquellos que no se entreguen a los favores del amor. Cualquiera que desee ser apreciado por ella, debe ser generoso en su trato y de modales corteses. Se la puede ver en los días de calor cuando los grillos no cantan, a la hora del crepúsculo o a medianoche. Se la debe mirar fijamente sin pestañar. Mab solo puede ser vista entre dos parpadeos. Es a la vez bromista, suele hacerles extrañas jugarretas a los humanos.

Significado Adivinatorio

Esta carta representa los deseos que no fueron colmados y se vuelven en contra. Por lo tanto, indica que es hora de prestar más atención a los deseos. De lo contrario, el hada puede aparecer cuando menos lo esperamos, para llamarnos la atención sobre sueños olvidados, deseos reprimidos o anhelos descuidados. El mensaje de Mab es no olvidar lo sueños.

Claves

Sueños
Deseos ocultos
Defensa

6- Deidre
El Amor Pasional

Deidre, hija de un noble, nace bajo los negros auspicios del druida de la corte, quien dice que aquella mujer traerá la desgracia y la muerte al reino. Para evitar el presagio, el rey la, confina, desde niña, en una fortaleza en el medio del bosque. Durante muchos años solo recibe la visita del rey quien se enamora de ella. Crece solitaria y se convierte en una bella muchacha que no ama al rey. Un día Naisi y sus hermanos se acercan a la fortaleza y encuentran a Deidre. Ambos jóvenes se enamoran apasionadamente y escapan hacia Escocia. Durante siete años viven felices. Pero el rey que seguía amándola lleva a cabo su venganza. Con un engaño los atrae, asesina a Naisi, y Deidre se suicida sobre su cuerpo. Para evitar su unión, el rey mandó a atravesar con estacas a los cadáveres de los amantes, para mantenerlos separados, pero las estacas brotaron y se convirtieron en árboles, cuyas copas terminaron abrazándose.

Significado Adivinatorio

Es imposible evadir el designio del destino. Cuando aparece esta carta avisa que llegó el momento de revisar las relaciones íntimas. En tanto, no es difícil que se hayan creado expectativas falsas en el otro. Invita a explorar y descubrir a las personas que nos rodean, e indica que ha llegado la hora de revisar los sentimientos que generan algunas personas y las fantasías que nos inspiran. El mensaje de Deidre es discriminar las necesidades emocionales.

Claves

Emoción
Amor contrariado
Desbordes
Toma de decisiones

7- Nimue
La Providencia

Es la Dama del Lago. Es ella quien da Excalibur al rey Arturo cuando se inicia el reinado, y quien vuelve a recibirlo cuando Arturo es herido de muerte. Es también quien lo lleva a la Isla de Avalon junto con las otras tres reinas de las hadas, y quien crió a Lancelot Du Lac en sus dominios y le otorgó poderes sobrenaturales. Como Dama del Lago es una incógnita, así también en el azar del juego de cartas representa una incógnita.

Significado Adivinatorio

Presagia un cambio repentino de suerte, azaroso e inesperado. También responde a un plan inteligente y ordenado que definirá positivamente el destino.

La vida es causa y azares. De acuerdo a la acción desarrollada hasta el presente cosecharemos lo que sembramos. Nada ocurre porque sí, somos la causa y vivimos el efecto de acuerdo a un proyecto creado entre nuestro yo interno y la providencia. Cuando aparece esta carta la providencia nos tiende su mano.

Claves

Azar
Beneficios inesperados
Efectos no deseados

8- Lancelot
La Frustración

Lancelot Du Lac, es para algunos el más atractivo de los Caballeros de la Mesa Redonda, criado por la Dama del Lago, en una tierra milagrosa, bajo las alas de elfos y hadas, hasta los dieciocho años.

Lancelot es el gran caballero enamorado de la mujer de su rey. Es quien no pudo obtener el Grial, el gran traidor al honor de los demás caballeros. Por lo tanto, quien podía ser el mejor, es en definitiva el símbolo de la traición y la frustración. Pero, sin duda, el más atractivo y espléndido de los caballeros de Arturo. La culpa le estorba y le avergüenza. El sino de Lancelot es el de la culpa inextinguible, por la fuerza de la obstinada pasión insaciable. Con el paso del tiempo se reforma temporalmente bajo la inspiración de su búsqueda sagrada. Pero cuando vuelve a la corte de Arturo recae otra vez en su antiguo amor, y desata una serie de desastres para sus compañeros. Ginebra es desgraciada, muchos caballeros son asesinados, Lancelot mismo es desterrado, todo esto pone en movimiento una serie de catástrofes que llevan a la muerte del rey.

Significado Adivinatorio

En los juegos de cartas francesas, los caballeros (J) comienzan justamente con Lancelot (J de Tréboles).

Es algo muy diferente a lo heroico. Es una encarnación del ideal de virilidad en el mundo de las fantasías femeninas. En la *Divina Comedia* Francesca de Rimini relata que ella y el hermano de su marido han sido llevados al desastre por la lectura, junto con su amante, del primer beso de Ginebra y Lancelot. Por lo tanto, en este sentido, esta carta significa toda aquella relación, afectiva, comercial o laboral, que siempre va a conducir a un mal fin.

Cuando aparece indica que las expectativas son irreales. Es necesario reconocer las limitaciones para conseguir aquello que se desea, sin que se produzca una gran frustración.

Esta carta puede manifestarse como una pérdida de dinero u objetos, y representa la pérdida de nuestra confianza, por eso es necesario conocer claramente los límites.

Claves

Falsas ilusiones
Pérdida de autoestima
Dudas

9- Excalibur
La Lucha

La espada que Arturo utiliza hasta el momento de su muerte. Es una espada de extraordinaria belleza. Su reflejo enceguecía al enemigo y eso le permitía ganar las batallas. Acompaña al rey hasta el momento de su muerte, en que la debe devolver al lago. Excalibur siempre es poder, inteligencia y pensamiento racional.

Significado Adivinatorio

Esta carta simboliza las habilidades de la mente humana.

Es una explosión de energía sin pulir, que marca un punto de inminente conflicto. Esta nueva energía es también una nueva concepción del mundo, y confronta con las viejas estructuras mentales. La espada de doble filo marca dos senderos: uno para el bien y el otro para el mal. Se hallan unidos a procesos de reflexión e intelecto en lucha.

En el mito celta la espada está relacionada con la "espada de Nuada", que era tan poderosa que ningún enemigo podía eludirla una vez desenvainada.

En este sentido, la fuerza para manejar el conflicto surge de la claridad mental y espiritual, y también de la inspiración divina para crear.

Una nueva idea siempre suscita un combate con creencias anteriores, antes de que podamos integrarla a la vida cotidiana, y provoca discusiones y debates.

El mensaje de Excalibur es conflicto.

Claves

Fuerza inmanejable
Valor
Dificultad y lucha
Conflictos necesarios
Claridad mental

10- Cally Bery
La Soledad

Es el espíritu del invierno. Tiene una varita con la que toca los árboles al final del otoño y las hojas se secan. Vaga durante el invierno por las colinas. Las cabras, los jabalíes y los lobos están a su cuidado.

Es la guardiana de los animales salvajes. Al llegar la primavera, arroja su varita bajo un acebo y se convierte en una piedra inmóvil hasta que vuelve a la vida en Hallowen.

Significado Adivinatorio

Es necesario un período de retiro, un sacrificio voluntario que redundará en un bien mayor. Revela el paso del tiempo, la sabiduría y la paz interior. Su aparición indica el momento oportuno para este retiro, que develará las búsquedas interiores a través de las cuales surgirá la sabiduría más profunda. El lado negativo puede ser la extrema soledad y precaución y la incapacidad para abandonar viejas ideas y salir a lo nuevo.

También señala renuncias a relaciones que no nos hacen bien, o situaciones adictivas, insatisfacciones de pareja, sociedades arbitrarias o amistades negativas.

La diosa del invierno nos exige un período de congelamiento y repliegue, de aguardar un tiempo mejor, la próxima "primavera". Es tiempo de autolimitarnos, a través de la espera ya que solo el tiempo podrá aliviar el dolor. El mensaje de Cally Bery es adquirir la sabiduría de la paciencia.

Claves

Aceptación de la soledad
Paz interior
Búsqueda de luz

11- Angus Mc Og
El Amor Pleno

Dios de la juventud y la belleza. Angus sueña con una joven, de la que se enamora perdidamente. Se pone en marcha en busca de la misma. En un principio no logra encontrarla. Su padre, lo envía a hablar con el sabio rey de Munster para que le ayude a buscala. Al cabo de un año la encuentra en un lago. Angus, vio allí 150 muchachas que caminaban en parejas unidas entre sí por una cadena de oro. Entre ellas reconoció a su amada. Era la muchacha llamada Caer, hija de Ethol. Éste le cuenta a Angus que Caer pasa un año en forma de cisne y un año en forma humana. Y que el 1 de noviembre se encontraría en el lago. Angus la encuentra ese día, y tomando él mismo la forma de un cisne, la llama por su nombre, se unen y no se separan jamás.

Significado Adivinatorio

Esta es la carta del amor en plenitud, correspondido y soñado. Cuando aparece indica que la pareja ideal está cerca. También puede indicar la reconciliación de una pareja.

En otro aspecto, es la consumación del encuentro de dos seres opuestos que se desean y se atraen. Es el intento de unión de un impulso por restaurar la unidad perdida, para convertirse en un ser más completo. Un gran momento de contención emocional y una época fructífera de puesta en marcha de proyectos.

Claves

Amor
Éxito
Pasión

12- Banshee
La Muerte

Profetisa de la muerte. Una hermosa doncella muerta que solo se dejaba ver de noche, en los vados, lavando la ropa de los que van a morir, y llorando amargamente.

Significado Adivinatorio

Todo llega a su fin y es mejor cooperar que oponerse. Por lo tanto, debemos disolver las viejas cosas que ya no funcionan, relaciones, empresas o ideas. Es un proceso doloroso y necesario. Esta carta indica la voluntad de hacerlo, pero cuanto mayor sea el apego a lo pasado más difícil será el cambio.

Es una transformación absoluta que requiere no aferrarse al pasado.

Para que la experiencia no sea penosa, es necesaria la capacidad individual para aceptar la necesidad del cambio: enterrar viejas ideas y liberar el alma. Esta carta preside tanto los tramos finales como los nuevos comienzos. El mensaje es que hay un nuevo camino para recorrer.

Claves

Cambio
Transformación
Renacimiento

13- Redcaps
La Destrucción

Son pérfidos seres feéricos que viven entre las ruinas de las torres, palacios y castillos, en los que habían cometido acciones malvadas y hechos macabros.

Les encanta teñir su gorra con sangre humana. Son los típicos "geniecillos malignos" que retozan entre los humanos inquietando la paz de las noches.

Significado Adivinatorio

Representan las actitudes hacia la vida que no salen de la integridad del ser. Son máscaras que sirven para impresionar. Las ruinas representan la vieja fachada que se ha venido abajo. La persona ha traicionado su propia idiosincrasia, sus valores.

Es una carta de crisis, que presagia el derrumbe de las estructuras falsas que habíamos construido. Es el fin de la idealización. Indica el momento del cambio abrupto. Las viejas ideas mueren de repente, ya son obsoletas e inapropiadas. Lo existente ha sido derribado para hacer sitio a las cosas que vienen. Se debe desechar cualquier cosa que no sea relevante en este período liberador.

Es muy penosa de aceptar, por eso se recomienda preguntarse a sí mismo qué imagen falsa hemos creado. El mensaje es ser sincero con sí mismo.

Claves

Liberación
Apertura
Sinceridad

14- Lugh
El Progreso

Cuando ingresó al ejército de los Tuatha, le dijeron que solo podían admitir a alguien que poseyera alguna habilidad especial. Dijo ser buen carpintero, guerrero, poeta, arpista, historiador, héroe y hechicero. Le dijeron que ya tenían todo esto. Entonces preguntó si había alguien que tuviera todas las habilidades juntas. Por esta razón fue admitido.

Significado Adivinatorio

Cuando aparece "el que brilla" indica que ha llegado el momento de manifestar capacidades y adquirir nuevas habilidades. Es fundamental reconocerse plenamente en las capacidades intelectuales y laborales para lograr empresas importantes. Es un momento de acción y de energía. Indica versatilidad y plenitud en la energía creadora en plenitud. Hay gran poder para la acción y una increíble fuerza de voluntad y sabiduría. Es siempre positiva. Es la palabra mágica en tiempos de incertidumbre y el amigo fiel y sincero.

Lugh, no ha adquirido las habilidades porque sí, le ha llevado mucho tiempo y mucho esfuerzo, por lo tanto indica que ha llegado el momento de expresar todo el conocimiento adquirido. El mensaje es manifestarse a través de nuestras capacidades.

Claves

Progreso
Voluntad
Bondad
Sinceridad

15- Cu Chulainn
El Sol

Hijo de Lugh. Héroe por antonomasia de la cultura irlandesa. A los seis años era tan fuerte como uno de doce. A los siete mató a tres guerreros enemigos que lo provocaron. Cuenta la leyenda que la mujer que amaba, Emer, le explicó que ningún hombre podía poseerla a menos que realizara hazañas imposibles, así pues Cu Chulainn se fue a Escocia a perfeccionarse en las arte de la guerra bajo la supervisión de los dioses guerreros que allí vivían. Tuvo muchas experiencias peligrosas, que aumentaron su fuerza y su destreza, y pudo cumplir las hazañas para obtener el amor de Emer.

Significado Adivinatorio

Imagen de nobleza y determinación. Fe en sí mismo, y en el significado y propósito del camino elegido. Presagia optimismo y confianza renovada. Se puede entender el proyecto de la vida y dar un paso hacia adelante. Cuando aparece muestra una buena época para la acción y la realización de proyectos. Mucha confianza en el futuro. Claridad de discernimiento. Alegría en el entorno. Éxitos en el amor. No conoce límites. El mensaje es que la vida se presenta en su máximo esplendor.

Claves

Intensa energía
Relaciones plenas
Cumplimiento de deseos
Plenitud total

16- Balor
Los Enemigos

Demonio horrible, primitivo habitante de Irlanda. Su vida y su reinado dependían de que mantuviera cerrado su ojo ya que con él podía matar a cualquier ser vivo que mirara. Era el resultado de una maldición de su padre, cuando era niño, por espiar en su cuarto de magia. Según la leyenda, Lugh lo mató arrojando una piedra, que hizo que el ojo volara hasta el cielo.

Significado Adivinatorio

Esta carta significa que ha llegado la hora de prestar atención a las miradas que no nos sirven para crecer. A Balor le decían "Balor mal ojo". Ha llegado la hora de revalorar las miradas de los otros. Puede significar también un tiempo de revisión de nuestra mirada hacia los otros, por eso se aconseja una apertura hacia otras visiones más amplias. Sugiere una situación en la cual se encuentra atrapado por los hechos. Siente que el mundo está en su contra y todos los acontecimientos están ocurriendo exclusivamente para acosarlo. Todo enfrentamiento con la realidad es difícil, por tanto, tiene un enorme temor a realizar los ajustes necesarios. Es posible que, de no mediar otra carta que indique lo contrario, no modificará la situación, ya sea una mala pareja o un trabajo insatisfactorio. El mensaje es tener cuidado con el entorno.

Claves

Obstáculos
Interferencias.

17- El Caldero
La Plenitud

Poseía un caldero que era utilizado para devolver la vida a los guerreros muertos en combate. Siempre es representado con él. Es el símbolo sagrado por excelencia puesto que representa de alguna manera la vida eterna, la posibilidad de ser inmortal, para todos los seres, sobre todo tratándose de una raza de guerreros.

Significado Adivinatorio

Simboliza la llegada de un nuevo capítulo en nuestra vida, un tiempo de realización y de integración.

Es un periodo de conclusión de asuntos o de consecución de una meta. Puede indicar un hecho, pero a la vez, la posibilidad de resolver dificultades.

Existe la fuerza y la decisión. Es decir la energía necesaria para lograr los objetivos. Es la confianza y la decisión que requiere el éxito. Denota agresividad. Tiene que ver con un cambio inminente y una mejora en la vida y en las relaciones. Se ha alcanzado el objetivo final. Lo que el destino tenía reservado. El mensaje es la consumación.

Claves

Logro
Alegría

18- Morgana
El Caos

Hermanastra de Arturo. Hechicera. Discípula y amante de Merlín.

Concibió a Mordred de Arturo, quien la amó más que a nadie. Sumamente inteligente y audaz.

Convencida de que el universo era maligno, decidió oponerle la maldad personal a la del mundo. Por eso pasó su vida intrigando contra la corte de Arturo.

Significado Adivinatorio

Cuando aparece Morgana, indica que estamos atravesando un período de confusión en uno o varios aspectos de la vida. En una época de incertidumbre, se propone un cambio. Esta confusión es necesaria porque en todo momento se revela como absolutamente creativa. También es una carta que indica la apertura inconsciente, el fino escalón del umbral de los nuevos e inmensos niveles de la conciencia. Vulnerabilidad y miedo. Pérdida de capacidad para asumir un punto de vista claro y objetivo. Tendencias depresivas, deseos de muerte.

La llamada de las experiencias espirituales. El mensaje es aceptar el lado oscuro.

Claves

Pruebas del alma
Incertidumbre

19- Ginebra
La Traición

Merlín decía que traía malos augurios. Y no se equivocaba. Era ambiciosa e interesada, de ahí su unión con el rey, amaba el poder y el prestigio. Pero un irrefrenable amor por el joven caballero Lancelot produjo la tragedia que desembocaría en su propia muerte, la de Arturo y Mordred, y el fin de la Tabla Redonda.

Significado Adivinatorio

Presagia un tiempo de elección, cuidadoso, porque puede desembocar en una traición. Porque las relaciones no son sinceras, hay intereses escondidos más allá de los visibles.

Indica que nuestras relaciones adolecen de reciprocidad y no hay contrapartida en lo afectivo. Contactos superficiales que no ayudan a un buen convivir. La vida diaria se vuelve irritante, pero los obstáculos serán superables. La carta marca las dificultades que el mundo propone cuando se quiere llevar a la práctica los ideales. Tiene que ver en el plano material con ambiciones tan fuertes como para traicionarse a sí mismo. Dudas, angustia y pesimismo. El mensaje es elegir sabiamente las compañías.

Claves

Tormento
Traición

20- La Danza de las Hadas
La Felicidad

Cuenta la leyenda que las hadas hacían de la danza el mayor de sus festejos.

Era el arte en el que sobresalían, y con el que demostraban el mayor grado de felicidad.

Todas son hábiles bailarinas.

Significado Adivinatorio

Es el disfrute solitario de las cosas buenas que solo pueden venir del espíritu.

Es la recompensa de las hadas por la reconciliación con un pasado sombrío, una época de pérdidas y de exilio. El peligro ha pasado, porque los esfuerzos aseguran la supervivencia.

Es una carta de recompensa y de realización, autorrealización y bienestar físico, emocional y material. Se experimentará placer. El mensaje es que las hadas regalarán el don de la alegría.

Claves

Felicidad

Buena estrella

21- Pixis
La Solidaridad

Forman parte de la corte de los buenos. Son amigos de gastar bromas, fieles con los que aman, y solidarios con las necesidades de los otros. Quien es malo o grosero, no será del agrado de los Pixis. Tienen que ver con la generosidad ya sea en un plano material o en la ayuda emocional.

Significado Adivinatorio

Ayudas de amigos, de corte práctico, no espiritual. Socorren con dinero, comida o un arreglo en el hogar. Cuidan durante una enfermedad o mejoran el trabajo. El mensaje es valorar las relaciones cotidianas

Claves

Amistad sincera
Solidaridad

22- Niniana
La Seducción

Conoce a Merlín en el bosque. Le ofrece su cuerpo a cambio de que él le enseñe sus conocimientos. El cuerpo de ella y el saber de él los une en un profundo amor durante medio siglo, en el bosque del Val del Retiro. Mantuvo a Merlín lejos de la corte y de los caballeros, en una cueva, esperando la llegada de su amada. Nunca conviven. Y pasan en la caverna gran parte del tiempo, compartiendo sus cuerpos y sus conocimientos. Niniana en algunas tradiciones será la Dama del Lago.

Significado Adivinatorio

Ha llegado el momento de dejarnos arrastrar por el amor erótico. De ceder para ser seducido. La dimensión más impetuosa y romántica del amor. Enamoramiento que no respeta convenciones, ni genera tragedias, ni dolor a terceros. Ambos son libres y viven libremente. Esta carta también sugiere, dentro de un campo más social, un excelente período de alegría y placeres. Es el fin de un período de esfuerzos. El mensaje es dejarse llevar por los acontecimientos.

Claves

Amor
Paz
Brillo intelectual

23- Gwion
El Ingenio

Cerridwen, madre de la muchacha más hermosa y del muchacho más feo, quería compensar la fealdad, dándole la mayor inteligencia. Para ello, y después de haber conseguido la receta mágica, puso un caldero que debía mantenerse hirviendo durante un año y un día y al que debía agregarle hierbas mágicas cortadas según la estación. Puso al pequeño Gwion a revolver el caldero. Tres gotas del agua hirviente cayeron en su mano y él instintivamente las llevó a la boca. Obtuvo en ese momento el conocimiento de todas las cosas del pasado, el presente y el futuro. Y así se dio cuenta de que Caridwen quería matarlo. Huyó transformándose sucesivamente en pez, ave y grano de trigo, que Caridwen transformada en gallina negra se comió. Cuando volvió a tomar su forma natural se encontró encinta de Gwion. Cuando lo dio a luz en forma de niño no tuvo valor para matarlo debido a su belleza. Lo arrojó al mar en un saco de cuero. Allí lo encontró el príncipe

Elfin fue quien lo tomó a su cuidado cuando el príncipe fue prisionero. Gwion acudió en su ayuda. Primero hechizó a los druidas del rey, luego recitó un poema largo y enigmático que no podían entender, y más tarde una adivinanza: "Adivinad qué es esto, la fuerte criatura anterior al diluvio, sin carne, sin huesos, sin venas, sin sangre, sin cabezas, sin pies... en el campo, y en el bosque... sin manos, sin pies, además es tan extensa

como la superficie de la tierra, y no nació, ni fue vista".
La solución, el viento, se da como un violento vendaval,
desencadenado con un encantamiento, que ayuda a sacar
a Elfin del calabozo.

Significado Adivinatorio

Gwion es un niño, por ello cuando aparece nos
indica los primeros despertares de una vida mental. Es
una energía primitiva, de allí que esta carta indica una
necesidad de expandir la mente para adquirir mayor
conocimiento acerca de las cosas.

Es importante una apertura cultural para el mayor
aprovechamiento de las capacidades.

Gwion nos indica que la solución del tema en cues-
tión se encuentra en nuestra inteligencia. Puede repre-
sentar también a una persona activa, de mente inquieta.
Cuando aparece esta carta, una persona modificará radi-
calmente la vida del consultante. El mensaje es ser crítico
con la capacidad intelectual.

Claves

Conocimiento
Capacidad crítica

24- Grial
Iluminación

Según la leyenda, una noche apareció, ante Arturo y sus caballeros, junto con un trueno y un rayo de sol potentísimo. Entonces manos invisibles trajeron una copa envuelta en seda blanca. La copa se movió por la habitación, y desapareció tan repentinamente como había aparecido. El rey dio gracias a dios por enviarle aquella visión de gracia, y Sir Gawain juró salir a buscar el Santo Grial. Al oír el juramento los demás se levantaron e hicieron el mismo voto.

Significado Adivinatorio

Al inspirar a los demás sirve a una causa superior. Es un canal utilizado por los poderes divinos para realizarse en la Tierra. Una visión se cristaliza en una misión. La inspiración se transforma en la realidad que antes parecía imposible de lograr. El mensaje es no dejar de lado las intuiciones.

Claves

Intuición
Inspiración

25- Morrigan
La Guerra

Fuerza y valor sobrenatural en los héroes. A veces es pura agresividad, pero siempre es una causa divina.

Después de Lugh, es una de las cartas más valiosas

Significado Adivinatorio

Cuando aparece esta carta, es hora de expresar la cólera reprimida, que daña en forma de depresión. Gracias a Morrigan el héroe interior adquiere la fuerza necesaria para vencer a los enemigos de la vida. También muestra a una persona que sabe lo que significa estar solo y luchar contra la adversidad y salir adelante sin quejas. Ha llegado la hora de manifestar la necesidad de defender impulsos y convicciones, contra todo lo que interfiera el camino. Morrigan es una diosa, por eso sirve sólo a causas divinas e invita a defender las propias. Representa la "agresividad sana", aquella donde se ponen en juego los deseos. Defiende territorios, fronteras, bordes que los foráneos intentan traspasar.

Claves

Experiencia
Madurez
Justicia

26- Mordred
La Tragedia

Hijo del amor incestuoso de Morgana, y Arturo. Mordred se enfrenta con Arturo, desatando la guerra en el reino, porque considera que la lucha del rey Arturo con Sir Lancelot, por causa de Ginebra, es deshonrosa para los Caballeros y el Rey. Mordred y Arturo se enfrentan y mueren los dos, uno en manos del otro. Encarna la defensa de los ideales de la caballería

Significado Adivinatorio

Mordred aparece cuando necesitamos romper con situaciones que atacan el sentido ético. Es el guerrero dispuesto a morir por el ideal, el yo luchando por su integridad. En un sentido extremo, es el renunciamiento máximo por una idea de virtud, por una actitud de vida. En un plano más cotidiano, es la honestidad ideológica. Código moral estricto, honorabilidad y búsqueda de justicia. Cuando aparece Mordred indica que a pesar de todo y de todos, debemos seguir adelante.

Claves

Valor
Pasión
Ideal

27- El Dragón
El Temor

En la mitología celta el dragón frecuenta manantiales y estanques, siempre ávido de jóvenes. Es extremadamente difícil de matar. Puede ser alado o no y siempre escupe fuego. Custodian celosamente un tesoro. Es codicioso. Representa la energía masculina en plenitud. Se relaciona con la aparición de algo nuevo. Es la unión procreativa. Se relaciona con el humor. Se burla de la gente porque es consciente de la realidad y de la futilidad de las cosas. Justamente porque tiene claridad de las cosas en la vida, se puede reír de las mismas. Es un ser libre de restricciones, por lo tanto, disfruta de los placeres sin culpa.

Significado Adivinatorio

Cuando aparece esta carta, la creatividad, y las fantasías chocan con la realidad de la vida en forma de dragón. El individuo debe enfrentarse con las limitaciones que él mismo se ha impuesto, y que aparecen en sus miedos impidiendo realizar los deseos. Esta lucha con el dragón es causada por el miedo al fracaso. Produce una apatía que impide movilizarse. El aliento venenoso del dragón nos ha contaminado y nos ha dejado inseguros y vulnerables El mensaje es pelear con el dragón y alcanzar lo que se anhela.

Claves

Goce
Materialización

28- El Bosque
El Alma

Es para los celtas el lugar de iniciación. Allí se revelan las presencias demoníacas, los espíritus ancestrales, y las fuerzas de la naturaleza, las hadas y los duendes, es el lugar de la corte de los buenos y de los malos. El lugar en el cual Merlín se sentía pleno y donde se unió a Niniana. Es el sitio donde se refugian los caballeros a meditar.

Significado Adivinatorio

Es el momento de adentrarse en el espíritu, empezar el camino de reencuentro con uno mismo, y lograr la mejor comunicación con los demás.

Clave

Paz
Meditación
Reflexión

Los Árboles

Objetos de culto sagrado, simbolizan la ayuda inesperada del azar. Cada uno de ellos aporta una mirada positiva sobre el tema de la consulta.

29- El Avellano
Árbol de la sabiduría

Da siempre los frutos de la sabiduría concentrada. Los salmones que se alimentan con las avellanas que caen en su estanque, tienen en su cuerpo tantos puntos brillantes como frutos tragados. Todo el conocimiento de las ciencias y las artes, y el pasado, presente y futuro de la vida cotidiana, se vincula con la ingestión de las avellanas.

Cuando aparece en la consulta, nos indica que obrando de acuerdo a la serenidad que da la sabiduría, se pueden obtener los resultados deseados. Cuando se refiere a una persona está indicando a alguien perceptivo honesto e intelectual.

30- El Roble
Árbol del Triunfo

El roble es el árbol de los dioses, se cree que sus raíces se extienden tan profundamente bajo la tierra como sus ramas en el aire, por eso es signo del poder divino en la totalidad del universo. Es el triunfo permanente. Indica siempre éxito. Con esta carta se podría finalizar la consulta. Cuando se refiere a una persona, nos muestra a alguien con grandes condiciones de liderazgo y fidelidad.

31- El Fresno
Árbol de la Protección

Árbol mágico por excelencia. Su madera siempre fue utilizada como talismán.

Las varas de los druidas eran siempre de fresno.

Por lo tanto, cuando aparece el fresno contamos con la protección de los dioses para seguir el camino que el destino nos marca. Cuando se refiere a una persona, nos muestra a alguien protector, espiritual y muy emocional.

32- El Abedul
Árbol del Inicio

Es el primero en echar hojas nuevas, sus ramas son empleadas en usos ceremoniales y en el ritual pagano para expulsar a los demonios del año viejo. Cuando aparece en cualquier tema de la consulta, implica un nuevo camino que se ha abierto.

Tiradas

Como en todo oráculo personal, siempre aquella tirada que el consultante cree para sí, será la más efectiva, puesto que encontrará el punto justo en el cual se conecta con el sentido profundo de los arquetipos

Sistema de cuatro cartas:
Para consultar sobre situaciones afectivas

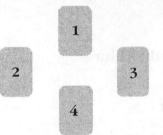

1- Representa el tema que afecta personalmente al consultante

2- Indica que a qué cosas se encuentra receptivo, y qué situaciones externas o personas pueden influir.

3- Lo que el consultante genera. Influencia personal en el entorno.

4- Respuesta. Maneras de resolver el problema.

Sistema de tres cartas:
Para una pregunta puntual

1 Pasado   2 Presente   3 Futuro

Primera tirada celta

Para tener el panorama global de una situación.
1- Carta base.
2- Influencias que se cruzan por la situación básica.
3- Pensamientos conscientes.
4- Pensamientos subconscientes.
5- Influencias pasadas.
6- Influencias futuras.
7- Situación básica.
8- Cómo ven los demás al consultante.
9- Esperanzas o temores.
10- Resultado.

Segunda Tirada Celta

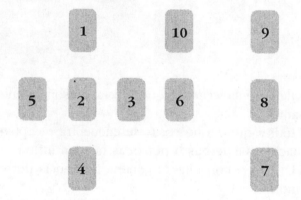

1- Lo que piensa el consultante.
2- Lo que desea.
3- Lo que está preparado para asumir.
4- Lo que necesita.
5- Pasado.
6- Futuro.
7- Cómo lo ven los demás.
8- Cómo ve el entorno.

9- Esperanzas o temores.
10- Resolución.

Tirada del guía interior

Es la tirada que se realiza una vez por mes, exactamente el primer día de luna llena. Mezclar las cartas y elegir solo una.

Ésa será la respuesta del guía interior, que dará la tónica del próximo ciclo lunar.

Tirada de las estaciones: 13 cartas

2 de febrero. Imbolc: significa "en el vientre", es el momento en que la semilla se encuentra en el vientre de la Madre Tierra dispuesta a germinar.

La tirada se realiza a la medianoche. Es un día especial para resolver cuestiones que tengan que ver con el crecimiento intelectual, la descendencia y las ganancias. Es el amor aún no realizado. Se mezclan las cartas y se eligen 13, cada una corresponde a una Luna y a una característica de la misma, tal y como se indica en el apartado correspondiente, uniendo a cada regencia el significado de la carta.

1 de Abril. Beltane: es el momento del matrimonio sagrado, por lo tanto es una fiesta dedicada a la fertilidad. Marca el retorno de la vitalidad, la pasión y la esperanza. La celebración comienza la noche del 31 de marzo, y es el momento ideal para la tirada de 13 cartas, en el momento del encendido de los "fuegos de Bel", que pueden ser reemplazados por velas rojas, verdes y blancas (amor, fertilidad y sinceridad) y flores de los mismos colores. Las inquietudes amorosas son las que se consultan en esta fiesta.

1 de agosto. Lughnassadh: comienza a la medianoche, y es la fiesta del dios del sol. Es el tiempo de la primera cosecha, por lo tanto es una celebración del trabajo y la cosecha. Se festeja el resultado del esfuerzo realizado y se pide una buena cosecha para el futuro, por lo tanto, las consultas son aquellas que tengan que ver exclusivamente con el trabajo, el estudio, el comercio y la profesión.

31 de Octubre. Samhaim: es la noche más mágica del año, cuando el tenue velo que separa nuestro mundo del más allá se descorre. Es el fin de una época y el comienzo de otra. Pero también marca retirarse para esperar al invierno. Es el día agregado al calendario, 364+1, un momento fuera del tiempo corriente, en el que todo se disuelve y comienza a gestarse un nuevo orden. Por eso es el período propicio para conocer el pasado o el futuro, el día en que se les permite volver a los habitantes del más allá. De allí que la consulta sea la más efectiva del año. Se pueden buscar respuestas a todos los temas que sean de interés, teniendo en cuenta que serán las más acertadas.

El culto al árbol

Para los celtas, el árbol no solo era la esencia de la vida, el centro del mundo y a la vez un medio de predecir el futuro. Tenían una concepción animista de la naturaleza de las cosas, que están llenas de dioses y de demonios, por ello consideraban sagradas a las montañas y a los bosques. Llenaban las regiones que habitaban con seres fantásticos: hadas, gnomos, duendes. Tenían un gran respeto por la vegetación, por la hierba y sobre todo por el árbol.

Los antiguos druidas, para establecer cualquier pronóstico sobre el destino, observaban el árbol elegido desde las raíces hundidas en la tierra hasta la copa y el tronco. Tenían en cuenta que la naturaleza es previsora y equilibrada, y que siempre después de la caída de las hojas sigue un periodo de nieve que proporcionará los mejores brotes. Se llega así a la época del renacimiento, a la vida plena.

El árbol mantuvo una relación estrechísima con la vida del hombre. De él obtiene la vivienda, la leña para el fuego, la sombra y sobre todo el futuro, porque cada ser humano se relaciona con un árbol que lleva dentro de sí, y representa el innato deseo de crecer de los hombres. Es también el gran protector.

Como eje del mundo articula la idea del cosmos como continua regeneración y permanente ascensión hacia el cielo. Permite establecer comunicación entre los tres niveles del cosmos: las raíces con las profundidades de la tierra en la búsqueda constante de agua, el tronco con la superficie y la copa y las ramas con las alturas.

El roble era el árbol mágico, sus frutos proporcionaban la inmortalidad. Y así, los celtas tenían una concepción animista de la naturaleza y de que las cosas estaban llenas de dioses y de demonios, y que además tienen vida.

Los árboles unen físicamente el cielo y la tierra.

Un árbol para cada luna

Mantuvieron su calendario en correspondencia con las fases de la luna, asignando un árbol y un atributo a cada luna llena. Tenían un año de 364 días más 1, compuesto de 13 meses de 28 días cada uno. Se cuentan a partir del Año Nuevo Celta (Samhain)

Luna del abedul o luna de los orígenes
Luna del serbal o luna de los espíritus
Luna del fresno o acuática
Luna del aliso o de la eficacia
Luna del sauce o del equilibrio
Luna del espino o de la restricción
Luna del roble o de la fortaleza
Luna del acebo o de la protección
Luna del avellano o de la sabiduría
Luna de la vid o de la celebración

Luna de la hiedra o de la resistencia
Luna de los juncos o de la verdad
Luna del saúco o de la totalidad

Los signos de los árboles

Quien acepta el nombre de un árbol será el poseedor de un potente talismán para toda la vida. Siempre y cuando se tenga en cuenta en el momento de elegirlo, cuál es la luna y cuál es el signo que rige al nativo. Se opta por un "signo/árbol" para adquirir las facultades que se necesitan.

Cada período se identifica por una letra y se rige por un árbol venerado. Cada uno de estos períodos se asocia con actitudes, estados de ánimo, circunstancias favorables o no.

1. Abedul (24/12-20/1)

Nombre mágico: Beth, que recrea el mundo.

Cualidad: Abundancia y prosperidad. Se asocia con la iniciación, la reencarnación y los contactos con espíritus.

Características: Personas en las que se puede confiar y se ganan el respeto de su entorno. Excelente imagen pública. Alto rendimiento laboral y realización personal. Posee propiedades mágicas que sirven para la protección de los niños, la creatividad, y los recuerdos de las vidas anteriores.

2. Serbal (21/01-17/02)

Nombre mágico: Luis, que está libre de culpa.

Cualidad: Potencia la creatividad y la videncia. También el aprendizaje espiritual y la comunicación en general.

Características: Expresan talento. Se sienten atraídos por las expresiones artísticas. No dramatizan los problemas y siempre hallan la solución. Poseen propiedades curativas y adivinatorias.

3. Fresno (18/2-17/3)

Nombre mágico: Nion, el cielo.

Cualidad: Amor al prójimo. Eficacia y perseverancia.

Características: Se compadecen del otro, y alivian sus sufrimientos. Amables y soñadores, inspiran en los demás profundas emociones. Protección y prosperidad.

4. Aliso (18/3-14/4)

Nombre Mágico: Fearn, el líder.

Cualidad: Coraje y fortaleza. Destreza y habilidad. Indispensable para el progreso personal.

Características: Energía y actividad constante. Emprendedores, no tienen miedo a nada, les gusta el riesgo y los desafíos. Sus rasgos sobresalientes son: iniciativa y responsabilidad.

5. Sauce (15/4-12/5)

Nombre Mágico: Saille, la emoción.

Cualidad: Poderes psíquicos y mágicos. Gran dador de armonía.

Características: Gran atracción por los misterios y por lo oculto. Espíritu protector. Está relacionado con la justicia y la estabilidad.

6. Espino (13/5-9/6)

Nombre Mágico: Uath, el fantasma.

Cualidad: influencia sobre los demás, porque está relacionado con los obstáculos.

Características: Las personas solitarias y tímidas que adopten este nombre pueden recibir notables influencias.

Otorga un gran carisma. Estrategia. Ayuda a conocer fácilmente el punto débil de los demás, pero sin sacar provecho de ello. Está vinculado con la paz y el poder.

7. Roble (10/6-7/7)

Nombre mágico: Duir, la puerta.

Cualidad: Optimismo a toda prueba. Seguridad, fuerza y perseverancia.

Características: Todos pueden adoptar este nombre y obtener fe en sí mismos y en el futuro. Los que nacen en este período son personas francas, sostienen la verdad sin importarles los resultados o perjuicios. Saben que sin duda podrán vencer los obstáculos. Se relaciona con todos los propósitos positivos y el poder.

8. Acebo (8/7-4/8)

Nombre mágico: Tinne, el árbol sagrado.

Cualidad: realismo.

Características: Sabrán cómo cuidarse. Llevan una vida ordenada y sin sobresaltos. Avanzan lenta y seguramente. Es el nombre ideal para todas aquellas personas que son imprudentes o les gusta correr riesgos innecesarios. Se relaciona también con la sexualidad.

9. Avellano (5/8-1/9)

Nombre mágico: Coll, el final de un ciclo.

Cualidad: Ingenio. Encanto personal. Bajo perfil.

Características: Sumamente emocionales, suelen sentirse melancólicos y son propensos a las depresiones. Sinceros hasta la crueldad, no toleran la rutina, ni las relaciones aburridas. No creen demasiado en el amor, jamás entregan lo mejor de sí. Buscan constantemente emociones fuertes. Son ingeniosos, divertidos y solidarios, sumamente pacíficos, cordiales y diplomáticos.

10. Vid (2/9-29/9)

Nombre mágico: Muin, letra que designa la zarzamora.

Cualidad: Armonía y equilibrio. Prosperidad afectiva.

Características: Gentileza y amabilidad. Siempre buscarán que reine la armonía y la estabilidad. De carácter sereno y gustos refinados. Buscarán cosas bellas aunque cuenten con escasos recursos económicos. Otorga valor, audacia y decisión.

11. Hiedra (30/9-27/10)

Nombre Mágico: Gora, la hiedra.

Cualidad: Encanto y atractivo. Vivacidad y energía.

Características: Otorga un estilo muy personal. Romanticismo e idealismo. Convierte la amistad en un vínculo sagrado. Generosidad, vivacidad y salud.

12. Juncos (28/10-24/11)

Nombre mágico: Ngetel, la música.

Cualidad: Magnetismo. Está íntimamente relacionado con el hogar y la fertilidad.

Características: Gran presencia. Perseverancia para lograr los objetivos. Intensidad y capacidad para afrontar situaciones difíciles y resurgir con más fuerza.

13. Saúco (25/11-23/12)

Nombre mágico: Ruis, la gran ola.

Cualidad: Inteligencia. Plenitud. Energía que arrastra.

Características: Otorga voluntad a quien lo elige. Les gusta educar y siempre están en la búsqueda de conocimientos. Logros y satisfacción plenas.

Las creencias celtas y la astrología

La Magia Wicca actual ha realizado un trabajo de relación entre los conocimientos celtas y los sistemas astrológicos occidentales. Se han incluido árboles que no eran tenidos en cuenta en las tradiciones y que se repiten a lo largo del año. El resultado es una miscelánea que es lo que hoy se conoce como horóscopo celta.

ROBLE: Fuerza

Personalidad: el 21 de marzo es el único día al que corresponde el roble. Otorga una inteligencia práctica. Es muy difícil que quienes han nacido en este tiempo no consigan sus objetivos, porque tienen una actitud práctica muy acentuada. Son sumamente intuitivos. Saben tomar una decisión con calma y serenidad. Jamás correrán peligros o riesgos innecesarios. Pero aceptan retos y desafíos. No se dejan presionar a pesar de ser tolerantes con las opiniones de los demás.

Salud: Como el Roble es fuerte y resistente, se diría que es de hierro. En este campo son absolutamente previsores.

Amor: En general, es factible que se rindan en la primera ocasión, sobre todo si se trata de personas jóvenes. Son sumamente apasionados. Con el paso del tiempo la reflexión empieza a ocupar un lugar preponderante en este ámbito de la vida. La mujer roble es cariñosa, aunque independiente en sus relaciones; no necesita apoyos y si es o se siente prisionera no dudará en irse.

ABEDUL: Fantasía

Personalidad: Se corresponde únicamente con el 24 de junio. Se trata de personas amables, simpáticas, elegantes y atractivas. Saben adaptarse a las circunstancias y en ningún momento se muestran exigentes. Sienten rechazo absoluto por lo grotesco y por la vulgaridad. Son amantes de la naturaleza. De gran habilidad para superar cualquier tipo de obstáculos con determinación. Dueños de una fantasía desbordante y una magnífica creatividad.

Salud: A pesar de su aspecto frágil, poseen una fortaleza poco común.

Amor: Es una persona de gran magnetismo. Como compañero es excelente, constante y fiel, aunque poco apasionado. Persigue un hogar tranquilo y feliz.

OLIVO: Justicia

Personalidad: Todos los nacidos en el 23 de septiembre son tímidos e introvertidos. No soportan la violencia, ni la agresividad. De sentimientos cálidos, siempre alegres y tranquilos. Muy equitativos en sus juicios. Siempre tienen en cuenta todas las posibilidades antes de tomar una decisión. Procuran el justo medio.

Salud: Sin altibajos. Se cuidan metódicamente.

Amor: Sentimientos confusos. Sumamente tolerantes con la libertad del otro. Les gusta aportar felicidad y paz al hogar. Buscan una pareja con una inteligencia superior.

HAYA: Astucia

Personalidad: Nacidos el 22 de diciembre. De un gusto estético excelente pero excesivamente preocupados por lo externo. Vitales y de sentimientos nobles. Algo materialistas. Aspiran a la riqueza y saben administrar. En inversiones y negocios, el éxito está asegurado. Son osados pero en asuntos de dinero no corren riesgos.

Salud: Buena salud. Energía desbordante, aspecto robusto y tendencia a engordar.

Amor: No son románticos ni fantasiosos, por lo cual las relaciones se les tornan aburridas. Y en muchas ocasiones se dan el gusto de una aventura.

MANZANO: El gran amante

Personalidad: Atractivo y encanto. No se aburren jamás; siempre están dispuestos a divertirse.

Salud: Siempre deben tener cuidado con los excesos.

Amor: Seductores, con gran fuerza de atracción sobre el sexo opuesto. Pero cuando encuentran a una persona a quien amar son los más fieles y afectuosos, y se entregan por completo.

Nacidos entre el 23-12 y el 1-1 (Manzano con Capricornio)

Un exceso de realismo puede hacerlos escépticos y pesimistas, pero su confianza en los demás les ayuda a tomarse la vida con más filosofía y entusiasmo. En su interior laten las facultades de un científico y si encuentran ayuda cosecharán admiración y respeto.

Nacidos entre el 25-6 y el 4-7 (Manzano con Cáncer)

Muy susceptibles y vulnerables, son soñadores que se refugian en su interior. Un poco alocados, les gusta vivir al día, pero son muy dinámicos y buenos organizadores cuando se trata de trabajar.

AVELLANO: Ingenio

Personalidad: De gran influencia entre quienes los rodean gracias a su agudísimo ingenio, aunque no por eso carecen de discreción, tal vez en demasía. El gran encanto personal que despliegan, unido a su bajo perfil, los llevan siempre a lograr sus objetivos con relativa facilidad.

Salud: Sumamente emocional, suele sentirse melancólico y hasta propenso a las depresiones.

Amor: Sincero hasta la crueldad, no tolera la rutina, ni las relaciones aburridas, obviamente se debe estar a la altura de su intelecto. En el fondo de su alma, no cree demasiado en el amor por lo tanto jamás entrega lo mejor de sí.

Nacidos entre el 22-3 y el 31-3 (Avellano/Aries)
De carácter fogoso y guerrero lo hacen buscar constantemente emociones fuertes. Es ingenioso y divertido. No soporta el aburrimiento y la inacción.

Nacidos entre el 24-9 y el 3-10 (Avellano/Libra).
Bondadosos y solidarios, están constantemente trabajando por el bien de la comunidad más que por el suyo propio. Pueden parecer indecisos pero siempre están analizando todo con una lógica rigurosa hasta el último detalle, son sumamente pacíficos y cordiales. Diplomáticos por excelencia.

HIGUERA: Prácticos
Personalidad: No soportan que los contradigan en los mas mínimos detalles, son necios hasta el fin. Muy independientes, sobresalen con su sentido del humor, y sobre todo, les encanta el ocio.

Salud: Su gran terquedad hace que muchas veces sufran de problemas nerviosos.

Amor: Enamorados de la vida de hogar. Será necesario que la pareja comprenda siempre de quién serán las decisiones en última instancia.

Nacidos entre el 14-6 y el 21-6 (Higuera/Géminis)
De un egocentrismo absoluto, pero dan lo mejor de sí a quienes saben amarlos. Es muy difícil que se encuentren solos.

Nacidos entre el 22-6 y el 23-6 (Higuera/Cáncer)
Románticos, de excelente sentido del humor, pero suelen ser muy caprichosos. Son natos artistas y se inclinan por todo aquello que los una a un sentido más estético que práctico.

Nacidos entre el 12-12 y el 21-12 (Higuera/Sagitario)
Los maestros del Zodíaco, aman muchísimo a los niños y son excelentes educadores.

ALISO: Placer
Personalidad: Buscan que la vida sea lo más agradable posible para ellos y para aquellos que los rodean. Piensan demasiado en los pequeños detalles. Prestan gran atención al aspecto externo, siempre demuestran buen gusto.

La elegancia es una condición sin la cual no podrían vivir felices.

Salud: La excesiva responsabilidad les provoca estrés y les causa enfermedades.

Amor: Muy demandantes, rara vez se encuentran satisfechos con lo que reciben. Siempre se sienten faltos de amor y es por eso que suelen cambiar de pareja asiduamente.

Nacidos entre el 4-6 y el 13-6 (Aliso/Géminis)

Siempre insatisfecho, la búsqueda es su principal característica, el anhelo de perfección es una constante en todos los ámbitos de la vida, aunque su mentalidad es sumamente realista. Suelen ser apasionados cuando un objetivo marca su vida. Jamás los abandonan y los encaran enérgicamente.

Nacidos entre el 2-12 y el 11-12 (Aliso/Sagitario)

Grandes seductores, suelen ser muy buenos amigos compinches en todo momento. Su máximo deseo es alcanzar la fama en su profesión, nunca ahorran esfuerzos para lograrlo y por lo general lo consiguen.

FRESNO: Aventureros

Personalidad: Impulsivos y dominantes, sumamente exigentes con sus allegados. Tienen una enorme facilidad para hacer siempre lo que quieren y cómo lo quieren. Sumamente críticos con lo que no les gusta. Irónicos y burlones. Simpáticamente maliciosos. Brillantes e ingeniosos, siempre en busca de aventuras originales, les gusta sobre manera jugar con el destino.

Salud: Muy buena salud, con cierta propensión a los pequeños accidentes.

Amor: Imposible oponerse a las exigencias de esta personalidad arrolladora, es casi egoísta. Puede llegar a ser muy fiel. Más racional que emocional.

Nacidos entre el 25-5 y el 3-6 (Fresno/Géminis)

Les gusta mostrar que necesitan ser amados, pero en realidad son muy cambiantes y críticos, sin embargo se muestran simpáticos y afables para conseguir sus objetivos. No reparan en lo que un exceso de sinceridad puede provocar, y no les interesan los daños que causan.

Nacidos entre el 22-11 y el 1-12 (Fresno/Sagitario)
Ambiciosos, inteligentes y muy exigentes consigo mismos, siempre logran los fines más grandiosos con suma facilidad. Se mantiene siempre por encima del pensamiento masificado. San tan magnéticos que es imposible que no atraigan a los demás.

CASTAÑO: Sentimientos
Personalidad: Es siempre un gran sentimental. Poco amigo de pedir favores y un tanto arrogante, pero en la mayor parte de los casos es una forma de ocultar su inmensa emocionalidad.

Salud: Enemigos de exteriorizar los sentimientos, suelen vivir contracturados.

Amor: Les resulta muy difícil encontrar una pareja estable pero cuando la logran suelen ser muy fieles.

Nacidos entre el 15-5 y el 20-5 (Castaño/Tauro)
Apasionados por el buen vivir y en general por todo lo bueno que puede ofrecerles la vida.

Nacidos entre el 21-5 y el 24-5 (Castaño/Géminis)
Se enamoran de sus ideas y de sus juegos. Es muy difícil a veces poderlos tomar en serio. Gozan de eterno buen humor.

Nacidos entre el 12-11 y el 21-11 (Castaño/Escorpio).
Dedicados por completo a vivir apasionadamente y desafiar constantemente sus propios límites.

NOGAL: Generosidad

Personalidad: Contradictorio. De reacciones inesperadas, sumamente espontáneo, difícil de conocer porque nunca demuestra su estado de ánimo. Gran talento para el mando, sumamente autoexigente y de ambición ilimitada. Capaz de los más grandes sacrificios para ayudar a los demás en cualquier ámbito de la vida

Salud: Como es incapaz de relajarse, es candidato a las úlceras y al estrés crónico.

Amor: Es inflexible en muchas cosas y sobre todo en su carácter pasional y todo lo que ello conlleva. Celos extremos y posesividad absoluta.

Nacidos entre el 21-4 y el 30-4 (Nogal/Tauro)

Los más seductores del signo, simpáticos al punto de salirse siempre con la suya, sobre todo los nativos de sexo masculino. Jamás podrán perder su sentido de independencia.

Nacido entre el 24-10 y el 11-11 (Nogal/Escorpio)

Multifacéticos, suelen dedicarse a mil actividades distintas y en cada una de ellas pondrán la misma pasión, hasta que se harten y vayan por nuevas emociones

ARCE: Vanidad

Personalidad: Se destaca por su originalidad para ver el mundo. Contento consigo mismo como pocos. Posee grandes dosis de amor propio y una incansable necesidad de cosas nuevas. La rutina no es para él.

Salud: Los nervios siempre le traerán inconvenientes.

Amor: De ánimo voluble, no será una tarea fácil seguir su ritmo. No puede entender que una pareja requiere de la voluntad de dos personas

Nacidos entre el 11-4 y el 20-4 (Arce/Aries)
No son justamente personajes para pasar por alto. La necesidad más importante en su vida es demostrar sus sentimientos y sobre todo sus ideales, siempre van al frente, caiga quien caiga.

Nacidos entre el 14-10 y el 22-10 (Arce/Libra)
Elegancia y refinamiento. Naturalmente diplomáticos, sociables e ingeniosos, siempre son una grata compañía.

Nacidos el 23-10 (Arce/Escorpio)
Les encanta vencer obstáculos. Ingeniosos y dispuestos. Sienten que el mundo ha sido creado para que ellos lo descubran

SERBAL: Firmeza
Personalidad: Parecen ser sumamente frágiles, pero ocultan la mayor fortaleza de todo el Zodíaco. Resisten incólumes los duros golpes de la vida. Saben oponer buen humor a la desgracia. Sufren mucho cuando no pueden solucionar el dolor de los demás

Salud: Son fuertes pero el desasosiego puede jugarles malas pasadas.

Amor: El varón es impetuoso y pasional, la mujer es aparentemente más frágil y tímida.

Nacidos entre el 1-4 y el 10-4 (Serbal/Aries)
Necesitan de su independencia tanto como del aire, no entienden la vida de otra manera.

Nacidos entre el 4-10 y el 13-10 (Serbal/Libra)

Son los amos del buen gusto y el refinamiento. No es fácil lidiar con tanta sensibilidad, por lo general se dedican al arte.

TILO: Celos

Personalidad: Soñadores en extremo, por lo general tienen metas inalcanzables. Les gusta la comodidad, para dedicarse abiertamente a sus quimeras imposibles.

Salud: Hipocondríaco como todo soñador.

Amor: Celosos. Ven fantasmas todo el tiempo y crean situaciones incómodas que en la realidad están muy lejos de poder suceder.

Nacidos entre el 13-9 y el 22-9 (Tilo/Virgo)

Trabajadores eficaces, honestos e incansables, muy buenos compañeros. Son felices pudiendo ayudar a quienes lo requieren.

Nacidos entre el 11-3 y el 20-3 (Tilo/Piscis)

Tienen una exacerbada sensibilidad que los hace pasar del amor al odio, del todo a la indiferencia. Sumamente generosos cuando los requieren, pero intolerantes frente un engaño o una mentira que hiera su sensible corazón.

SAUCE: Melancolía

Personalidad: Amante de la belleza, soñador incorregible, gran sentimental. Sincero. Es comprensivo en demasía. Siempre tiene en cuenta los sentimientos de los demás. Poseedor de ciertas facultades paranormales, muchas veces puede predecir los acontecimientos por su gran sensibilidad psíquica, que agranda desmesuradamente su intuición

Salud: Tiende a deprimirse fácilmente.

Amor: El matrimonio es su lugar natural, donde se siente seguro y amado. El hogar es para estos nativos el mejor sitio del universo y el gran objetivo de su vida y justamente por ello suelen tener varios matrimonios, no les preocupa volver a intentar.

Nacidos entre el 28-2 y el 10-3 (Sauce/Piscis)
De grandes actitudes para el arte. Son los grandes sufridores. Los más románticos y los más sensibles.

Nacidos entre el 3-9 y el 12-9 (Sauce/Virgo)
Tienen un gran magnetismo sobre el sexo opuesto ya se dediquen al cine o sean campesinos, o se dediquen al deporte. Jamás pasan desapercibidos.

PINO: Pasión
Personalidad: Muy resistente a los embates de la vida, valiente y despreocupado. Excelente compañero para todo tipo de empresas, ya sea aventuras, trabajo o juergas. Por su actitud positiva ante la vida tiene el éxito asegurado, pero debe tener cuidado con su inconstancia.

Salud: Su punto más débil está en la extremidades inferiores.

Amor: Un romántico total, es la tea de la pasión, por eso mismo sus sentimientos desaparecen con la misma rapidez con que aparecieron. Ama la vida tranquila, no puede evitar ser demasiado atractivo para el sexo opuesto, por eso la coquetería suele provocarle serios problemas.

Nacidos entre el 19-2 y el 27-2 (Pino/Piscis)

Son muy difíciles de conocer, parecen envueltos siempre en un halo de misterio, lo cual los hace más atractivos para el sexo opuesto. En general son personas sumamente enérgicas y con una gran sensibilidad para el arte en general.

Nacidos entre el 24-8 y el 2-9 (Pino/Virgo)

Buscan un ideal y dirigen su vida hacia él sin rendirse. Entre sus máximos ideales está el amor. Son los típicos idealistas románticos que pueden vivir cada relación como si fuera la última y creen que cada pareja es su alma gemela.

CEDRO: Arrogancia

Personalidad: Aspecto físico de rara belleza. Desean el bienestar más que nada en este mundo. Irritables e impacientes. No pueden evitar sorprender a los demás con sus alardes de ingenio y su magnífica tenacidad. Alcanzan sus metas siempre sin condicionamientos que los perturben.

Salud: De excelente salud, suele somatizar toda su tenacidad en el sistema digestivo, sobre todo cuando las metas tardan en conseguirse.

Amor: Sumamente difícil de satisfacer, se pasa la vida esperando la gran pasión, el gran amor que lo dejará sin habla. Aún así, cuando logra conformarse con alguien, hace que su pareja se sienta cómoda y amada.

Nacidos entre el 9-2 y el 18-2 (Cedro/Acuario)

Intemperantes por naturaleza, no logran establecer jamás sus raíces. Les gusta el hogar por lo que brinda, pero detestan la libertad que les quita.

Nacidos entre el 14-8 y el 22-8 (Cedro/Leo)

Inteligentes, con una capacidad de pensar analíticamente fuera de lo común, brillan como el sol, es por eso que el éxito social les resulta indispensable.

Nacidos el 23-8 (Cedro/Virgo)

Son ambiciosos y suelen ocupar puestos importantes en la sociedad, les gusta analizar todo paso a paso, jamás harán nada que no hayan pensado lo suficiente, pero cuando se deciden es muy difícil que se vuelvan atrás.

CIPRÉS: Vitalidad

Personalidad: Felices con muy poco. Poseen la rara virtud de mantenerse jóvenes por mucho tiempo, debido a su gran vitalidad física y psíquica. Tienen capacidad para organizar la vida propia y la de los que los rodean, y de resolver los problemas con rapidez y prudencia.

Salud: Goza de muy buena salud, pero se queja más de la cuenta.

Amor: Impulsivos y difíciles de satisfacer. Son fieles cuando la llama de la pasión todavía arde, pero es necesario reavivarla constantemente porque la rutina se les vuelve tan insoportable como la soledad. Les gusta vivir rodeados de amigos.

Nacidos entre el 26-7 y el 4-8 (Cipres/Leo)

Su ambición no tiene límites. Toda su energía está al servicio de una meta que consiguen con una perseverancia inusitada. Son personas sólidas en sus pensamientos y en su actitud ante la vida. La duda jamás encontrará eco en su mente. La seguridad es su coraza. Sinceros al máximo, son excelentes amigos.

Nacidos entre el 25-1 y el 3-2 *(Ciprés/Acuario)*

Rebeldes por naturaleza, suelen confundir al resto, pareciendo inestables y cambiantes. Lo que ocurre es que su mente inquieta requiere de una dedicación no exclusiva, necesitan varias cosas a la vez, varios asuntos, muchos desafíos intelectuales.

OLMO: Alegría

Personalidad: Son aquellos que planifican su vida en todos los detalles pero sensatamente y con una gran amplitud de objetivos. Saben aprovechar las oportunidades que se van presentando con claridad. Moderados, de carácter tranquilo, son alegres por naturaleza. Los amigos y demás personas que los rodean confían ciegamente en este tipo de personalidad.

Salud: Suele enfermarse bastante seguido, pero en general nada reviste importancia.

Amor: Un enorme afán por dominar es la principal fuente de desasosiego, siempre debe tener la última palabra, pero brinda tanta seguridad que éste pasa a ser un mal menor.

Nacidos entre el 12-1 y el 19-1 *(Olmo/Capricornio)*

Son poseedores de un gran sentido del humor. Les gusta dirigir, pero no son felices cuando deben obedecer.

Nacidos entre el 20-1 y el 24-1 *(Olmo/Acuario)*

La inteligencia más activa y alerta del Zodíaco. Son sumamente sensibles y sensuales. Lo que los transforma en los amantes más evolucionados.

Nacidos entre el 23-7 y el 25-7 *(Olmo/Leo)*

De gran sentido común, pero a la vez de un individualismo extremo. Gran carácter y siempre autoridad.

ÁLAMO: Indecisión

Personalidad: Es de carácter alegre y juvenil, pero en general pierde momentos preciosos debido a su gran indecisión. Le resulta muy difícil tomar realmente la riendas de la vida. Pasa del pesimismo al optimismo con una velocidad que en general resulta desconcertante para su entorno.

Salud: Igual que su carácter, presenta cambios bruscos, en general ligados a su estado de ánimo.

Amor: Es tan selectivo que prefiere la soledad más absoluta que estar con alguien que no responda plenamente a todas sus expectativas.

Nacidos entre el 4-2 y el 8-2 (Alamo/Acuario)

De naturaleza artística, o filosófica, suelen parecer pesimistas, cuando lo que en realidad ocurre es que ven mucho más allá de lo que este mundo ofrece.

Nacidos entre el 1-5 y el 15-5 (Alamo/Tauro)

De gran valor en los momentos en que se los necesita, y de gran testarudez en todos los demás.

Nacidos entre el 5-8 y el 13-8 (Alamo/Leo)

Siempre les gusta tener razón, son dominantes. Se toman la pareja en serio y suelen ser muy fieles.

ABETO: Distancia

Personalidad: Fríos y distantes, distinguidos, de movimientos cuidadosos y tono de voz cordial. Se caracterizan por el gusto por lo bello y lo armonioso.

Salud: En general padecen alguna enfermedad crónica, como alergias varias.

Amor: Solo puede ser considerado si realmente ama a la otra persona, sino es bastante parco y hasta egoísta.

Nacidos entre el 2-1 y el 11-1 *(Abeto/Capricornio)*

Jamás hacen concesiones, las ideas de los otros no logran influirles. Poseedores de un intelecto fascinante.

Nacidos entre el 5-7 y el 14-7 *(Abeto/Cáncer)*

En general nunca se dedican a lo que desearon en los primeros años de su educación, tardan en encontrar su vocación. Son los más solidarios.

Entre la historia y el mito

La cultura celta se ha convertido actualmente en un fenómeno popular. Presenta cada vez más lecturas sobre su esencia mítica y más datos sobre su presencia histórica. Estos relatos e investigaciones, ayudarán a comprender, descifrar y poner en práctica muchas de sus sabias enseñanzas.

El mito

El nacimiento de Lugh

Balor vivía en la isla de Tory. Tenía un solo ojo en medio de la frente. Su mirada era mortal, por lo que mantenía oculto ese ojo, y sólo lo descubría cuando quería destruir a algún enemigo.

Un druida le dijo que moriría a manos de su nieto. Balor sólo tenía una hija que se llamaba Ethné; entonces, para conjurar la predicción, decidió actuar de manera que ella no pudiera tener hijos.

Balor encerró a su hija en una torre inexpugnable, construida en la cima de una roca, cuyo extremo se perdía entre las nubes, y cuya base era azotada por las olas. Allí relegó Balor a la bella Ethné, dándole por compañía a doce mujeres, cuya única misión era impedir que la muchacha llegara a sospechar que en este mundo existían hombres.

Ethné permaneció prisionera mucho tiempo, y nunca le hablaron de hombres. Desde su torre veía pasar navíos conducidos por seres humanos que no tenían el mismo aspecto de los que conocía. Hacía preguntas al respecto, pero siempre se le negaban las respuestas.

En la costa irlandesa que se enfrentaba a la isla de Tory vivían tres hermanos. Uno de ellos poseía una vaca maravillosa, "la vaca azul del herrero" la llamaban, y su leche era tan abundante que despertaba envidia en todos los vecinos. Balor se la robó.

Mac Kineely, el propietario de la vaca, quiso vengarse, y guiado por los consejos de un druida y de un hada, se disfrazó de mujer. El hada lo condujo en alas de la tempestad hasta la cima de la roca, donde se elevaba la torre en que vivía la prisionera.

El hada se presentó a las guardianas de Ethné diciendo: "Vengo acompañada de una dama a la que he rescatado de un secuestro. Vengo a rogarles que le den asilo".

Las guardianas, reconociendo a un hada, no se atrevieron a negarse. Así, ella penetró en la torre llevando a Mac Kineely y sumiendo en un sueño mágico a las doce guardianas.

Cuando despertaron, el hada y su compañera habían desaparecido. El hada se había elevado por los aires con Mac Kineely. Ethné se encontraba sola, pero estaba embarazada.

Ethné dio a luz a tres niños, que Balor mandó arrojar a un abismo marino. Para llegar a éste había que atravesar un golfo, en el cual el mensajero cayó al agua junto con uno de los niños. Cuando llegó al abismo, sólo quedaban a su lado dos niños, a los que ahogó. Luego volvió con Balor.

El niño que cayó al agua fue rescatado por el hada, a quien debía su nacimiento. Ésta lo tomó en sus brazos, lo llevó por los aires y llegó con él a la morada de Mac Kineely. Le entregó a éste el recién nacido y le informó que era su hijo, el futuro Lugh. Este niño era en efecto, el que ya adulto mataría a su abuelo Balor de una pedrada en su único ojo.

Los amores de Angus Mc Og

Cierto día en que Angus estaba durmiendo, vio en sueños cerca de su lecho a una joven tan hermosa como jamás había visto en toda su vida.

Cuando se despertó a la mañana siguiente, Angus se encontraba profundamente enamorado de la bella joven de sus sueños, tanto que ya no pudo volver a probar bocado.

A la noche siguiente, la joven volvió a sus sueños. Esta vez llevaba consigo un arpa y cantó la música más dulce que Angus había escuchado a lo largo de su divina existencia. Luego la joven partió. Al despertar, en la mañana siguiente, Angus estaba más enamorado que nunca.

Entonces se enfermó. Los médicos buscaron sin encontrar la causa de esta enfermedad. Al cabo de unos días, Fregne, uno de los médicos, descubrió que Angus estaba enamorado. Angus confesó la verdad y buscó el consuelo de su madre, Boann. Por decisión y orden de ésta, durante un año se buscó por toda Irlanda a la joven con quien soñara su hijo, pero todos los esfuerzos fueron inútiles.

Entonces, Fregne, el médico, le aconsejó a la madre que recurrieran a Dagda, el padre de Angus, quien para esta época ya era el rey de los Side de Irlanda, es decir, de las hadas.

Cuando Dagda preguntó de qué manera podía ayudar a Angus, el médico le sugirió que como rey de los Side de Irlanda, tenía bajo su dependencia a Boda, rey de los Side de Munster, y famoso por su sabiduría, a quien podía consultarle cómo encontrar a la joven de los sueños de Angus.

Dagda estuvo de acuerdo con aquello y mandó una embajada a consultar al rey de los Side de Munster. Éste les pidió un año para encontrar a la joven. Al cabo del cual les informó que la había encontrado en un lago, el Lago de la Bocas de Dragones.

Los embajadores transmitieron la buena noticia a Dagda. Y de inmediato, Angus partió para el palacio de Bodb, en Munster.

Boda vivía en un palacio encantado. Angus fue recibido con alegría y con festejos que duraron tres días y tres noches, al cabo de los cuales el rey lo llevó al lago en el cual se encontraba la joven para ver si la reconocía.

Entonces, condujo a Angus a la orilla, a un lugar donde se encontraban ciento cincuenta muchachas que caminaban en parejas, amarradas con una cadena de oro. En el centro del grupo había una mucho más alta que las demás. Ésa era la amada de Angus.

"Se llama Caer, hija de Ethal Anbual", dijo el rey, "vive en un palacio encantado en Uaman".

Pero Angus respondió que no se sentía con fuerzas para arrancarla de entre sus compañeras y se retiró nuevamente a su residencia.

Cierto tiempo después, el rey Bodb llegó al palacio de Brug Na Boinné para visitar a Dagda y Boann, y contarles todo lo que sabía de la muchacha: "He descubierto a la mujer de la que se ha enamorado tu hijo. Su padre vive en el Connaught, es decir el reino de Ailill y Medb.

Harían bien en ir a visitarles y solicitar su ayuda, ya que con ella podrías obtener la mano de Caer".

Dagda partió hacia el Connaught, acompañado de un gran séquito, transportados en sesenta carros. Cuando llegó al palacio de Ailill y Medb, fue recibido con muestras de alegría y transcurrió una semana de festines, hasta que pudo hablar del motivo de su visita.

Dijo Así: "En su reino se encuentra un palacio encantado que habita Ethal Enbual, padre de la bella Caer. Mi hijo Angus ama a esta muchacha y quisiera desposarla. Hasta ha enfermado por esta causa".

Los reyes le respondieron que carecían de autoridad sobre ella; por lo tanto, no podían entregarla. Dagda les rogó que mandaran a buscar al padre de la muchacha, pero Ethal Enbual se negó a escuchar y dijo que no estaba dispuesto a entregarla.

Entonces Dagda y Ailill unieron sus ejércitos, marcharon sobre el palacio encantado donde vivía Ethal Enbual y lo tomaron prisionero.

Cuando el vencido estuvo en presencia de Ailill, éste le pidió que diera a su hija a Angus. Ethal respondió: "No puedo hacerlo. Ella es más poderosa que yo".

Entonces le explicó que su hija pasaba alternativamente un año en forma humana y un año en forma de cisne y agregó: "El próximo primero de noviembre, mi hija se encontrará en forma de cisne, cerca del lago Bocas de Dragones. Se verán allí pájaros maravillosos y mi hija estará rodeada por otros ciento cincuenta cisnes".

Entonces, Ailill y Dagda acordaron la paz con Ethal y lo pusieron en libertad.

Dagda contó a su hijo lo que sabía. Y el primero de noviembre, Angus se dirigió al lago. Allí vio a la bella Caer bajo la forma de un cisne, acompañada de ciento cincuenta cisnes que iban en parejas. Los dos cisnes de cada pareja estaban unidos por una cadena de plata:

"Ven, amor, háblame. ¡Caer!", gritó Angus.

"¿Quién me llama?", preguntó Caer.

Agnus le dijo su nombre y le expresó su deseo de unirse a ella. Entonces fue convertido en cisne, y por tres veces se zambulleron juntos al lago. Después, y siempre en forma de cisne, se dirigieron a Brug Na Boinné.

Cuentan que juntos entonaron un canto tan bello que todos sus oyentes se durmieron y el sueño duró tres días y tres noches. Y desde entonces, Caer fue la mujer de Angus Mac Og.

La historia

Amergín y los druidas

Amergin fue un druida celta cuyo nombre fue tallado en la Piedra Ogham. Cuando desembarcó en Irlanda recitó un poema, "La Soñadora", en el cual se basan melodías y canciones celtas actuales.

A continuación veremos qué datos históricos tenemos de Amergin, el único druida cuya existencia histórica se conoce. El origen de los druidas en Irlanda se remonta según los antiguos anales irlandeses a los primeros colonos del país, que pertenecieron a la tribu de Japhet.

Una de las colonias más importantes que habían venido a Irlanda era la de los milesios. Cuentan las antiguas tradiciones que estas personas, pertenecientes también a la raza de Japhetian, pasaron desde Scythia a Grecia y luego a Egipto y a España y finalmente desde España a Irlanda donde llegaron doscientos años después de la conquista de Tuatha De Danann, aproximadamente en el 1530 a.C.

Durante el curso de todas las migraciones marinas, los druidas desempeñaban un papel muy importante y entre ellos Caicher fue considerado el más importante, puesto que se dice que él predijo que Erinn (Antiguo nombre para Irlanda) era su último destino.

En su llegada a Irlanda, los principales druidas de los milesianos eran Uar, Eithear y Amergin. Amergin era uno de los hermanos milesios apellidados Glungel. Era poeta y juez de la expedición, y un druida muy conocido aunque no tenía profesión. El *Leabhar Gabhala*, o *El Libro de las Invasiones,* se refiere a Amergin como al primer druida de los gaélicos en Irlanda aunque él no era el único druida conocido en Irlanda.

La primera colonia de Milesios desembarcó en Kerry y pronto marchó hacia la Colina de Tara, el asiento de los reyes de Irlanda, ocupada en ese momento por el Tuatha De Danann, que exigía la supremacía del país. Los reyes objetaron que no sabían nada sobre la invasión y si lo hubieran sabido, lo habrían impedido. Así que ellos plantearon dejar la decisión a Amergin.

Amergin decidió que él y sus amigos deberían regresar a sus naves y trasladarse a una distancia de nueve olas lejos de la tierra. Si fueran capaces de volver a tierra otra vez a pesar de los Tuatha De Danann, ellos conquistarían el país. Cuando se trasladaron a la distancia fijada en el mar, las diosas de los Tuatha De Danann provocaron una tempestad y la flota se dispersó. Una flota se dirigió al Sur y luego al Noreste de nuevo. La otra estaba en peligro debido a la tormenta, así que Amergin, el poeta y estudioso de la flota, se levantó y pronunció una entonación druídica. Al final de la oración, la tormenta cesó y los milesios desembarcaron de nuevo. Era un jueves primero de mayo y el decimoséptimo día de la luna. Entonces, Amergin puso su pie derecho en la tierra de Irlanda y cantó otro poema en honor de la ciencia que le da más poder que los dioses de donde vino:

Yo soy el viento que sopla sobre las aguas;
yo soy la ola del océano;
yo soy el murmullo de las olas;
yo soy el buey de los siete combates;
yo soy el buitre en la montaña;
yo soy una lágrima del sol;
yo soy la más hermosa de las plantas;
yo soy un valiente jabalí salvaje.
yo soy un salmón en el agua.
yo soy un lago de la llanura.
yo soy la palabra certera;
yo soy la lanza que hiere en la batalla;
yo soy el dios que crea en la cabeza del hombre el
fuego del pensamiento.
¿Quién es el que ilumina la asamblea en la monta-
ña, sino yo?
¿Quién conoce las edades de la luna, sino yo?
¿Quién muestra el lugar dónde el sol va a descan-
sar, sino yo?
¿Quién llama al ganado de la Casa de Tethra?
¿A quién sonríe el ganado de Tethra?
¿Por qué es el dios que forma el encantamiento de
la batalla y el viento del cambio?

Entonces después de tres días y tres noches, los Hijos de Mil empezaron su primera batalla contra los Tuatha De Danann en un lugar llamado Sliab Mis, hoy día Slieve Mish está en el Condado de Cork.

En un Manuscrito galés del Siglo XIV encontramos un poema similar atribuido al bardo Taliesin, mejor conocido en la Saga Artúrica como Merlín.

Yo he sido un águila,
yo he sido madera en el soto,
yo he sido una espada en la empuñadura,

116

yo he sido un escudo en la batalla,
yo he sido una palabra entre las letras

Los dos cantos subrayan algunas creencias druídicas y célticas. Esta ciencia divina, penetrando los secretos de la naturaleza, descubriendo sus leyes era un ser idéntico a estas mismas fuerzas, y mantener esta ciencia era mantener la naturaleza en un todo. El poeta es la palabra de la ciencia, él es el dios que concede al hombre el fuego del pensamiento, el poeta es la naturaleza, es el viento y las olas, los animales salvajes y el brazo del guerrero. Porque el poeta es la encarnación visible de la ciencia en forma humana. Él no sólo es hombre, sino también águila o buitre, árbol o planta, palabra, espada o lanza. Él es el viento que sopla en el mar, la ola del océano, el murmullo de las olas, el lago en el llano. Él es todo esto por que él es el ser universal, porque él tiene la custodia del tesoro de la ciencia y hay pruebas de que posee este tesoro. Por ejemplo, sabe calcular las lunas, la base del calendario, porque puede determinar las grandes asambleas populares. La Astronomía no tiene ningún secreto para él, también puede saber (nadie más lo hace) dónde va a descansar el sol. Él es la ciencia, es un poeta, es un soñador.

Cú Chulainn, el héroe

Cú Chulainn, el Aquiles irlandés, llevó a cabo grandes proezas en su corta vida. Los soñadores ojos del héroe reflejan su idealismo, expresado en la inscripción que hay bajo su retrato: "No me importa vivir un solo día si mi fama y poder son imperecederos".

Cú Chulainn, héroe irlandés de características sobrenaturales, era el guerrero campeón, el personaje más famoso de los relatos que componen el ciclo del Ulster. Su nombre significa "el sabueso de Culann", aunque normalmente le apodaban Sabueso de Ulster.

Su propio nacimiento tiene ya características mágicas, pues tiene un padre divino y otro mortal. La madre de Cú Chulainn era Dechtire, hija del druida Catthbad quien era, a su vez, consejero del rey Conchobar. Fue Cathbad quien predijo que Cú Chulainn sería un gran guerrero, pero que moriría joven. Al poco de casarse Dechtire con Sualtam, hermano del depuesto líder de Ulster Fergus, huyó junto con sus cincuenta damas al más allá convertidas en bandada de pájaros. Durante el banquete de boda tragó una mosca que le hizo soñar con el dios solar Lugh, que fue quien le dijo que emprendiera ese viaje. Cathbad tranquilizó a su yerno diciendo que Dechtire sólo había ido a visitar a sus parientes, puesto que su abuelo materno era Angus. Lo cierto es que Lugh retuvo a Dechtire en el más allá durante tres años.

Cuando Dechtire y sus damas regresaron a Emain Macha —la fortaleza de los reyes de Ulster— en forma de pájaros de brillantes colores, Dechtire esperaba un hijo de Lugh, Setanta. Sin embargo, Sualtam estaba tan feliz de tener de vuelta a su esposa que aceptó al muchacho como si fuera su propio hijo.

Desde joven Setanta aprendió las artes de la guerra, pero nadie fue consciente de su fortaleza y bravura hasta que mató a un enorme perro con las manos desnudas. El buen herrero Culann vivía solo, plenamente entregado a su trabajo. Para cuidado de sus cosas y rebaños, tenía, como guardián, un enorme perro. En cierta ocasión, el rey Conchobar recibió invitación de su artesano para que compartiese la mesa de un simple forjador. El soberano, que conocía el estilo de vida del herrero, procuró presentarse con poca comitiva. Cuando se dirigía a casa de Culann, vio que su sobrino Setanta estaba venciendo a unos cincuenta muchachos en juego de competición. Quedó tan maravillado de la fuerza y destreza del niño, que lo invitó a que lo acompañase, como si ya fuese uno de sus guerreros. Pero Setanta quiso terminar las pruebas.

Cuando Conchobar llegó a casa del herrero ya no se acordaba de que había de llegar su sobrino. El herrero cerró las puertas del muro que rodeaba su casa y dejó suelto al perro como guardián ante la puerta. Cuando llegó el niño, penetró en el cercado y el perro se abalanzó contra él. Pero en el momento en que el can abrió la boca, Setanta le colocó, en la garganta, una bola de las que se utilizaban en las competiciones. No terminó aquí la cosa: lo estranguló y lo arrojó contra la pared, estrellándole la cabeza contra uno de los pilares de la entrada.

Los invitados salieron de la casa para ver qué ocurría y vieron a un niño de seis años junto al perro destrozado. Al ver aquello Culann se entristeció sobremanera. Aquel perro era su compañero inestimable, su colaborador más fiel. Setanta intentó consolarle: "No te apenes. Te regalaré un cachorro que, cuando sea mayor, te prestará el mismo servicio que hasta hoy ha cumplido tu perro guardián. Mientras el perro crece, yo haré las veces de guardián como si fuese tu perro". Culann agradeció el gesto pero declinó la oferta. Y por aquella bella acción, el druida Cathbad puso a Setanta un nuevo nombre: "El perro de Culan", con el que, desde entonces, fue conocido por todas las gentes del Ulster e, incluso, allende aquellas tierras.

Siendo aún un muchacho, Setanta inició un complejo proceso ritual que le condujo a la adquisición final de la condición de guerrero, momento que sucede cuando escucha los buenos augurios del druida para quien en ese determinado día, tomara las armas, cosa que él exige y consigue de manos del rey, no sin antes haber destrozado varios juegos hasta encontrar las apropiadas a su fortaleza.

Cú Chulainn era muy admirado por todas las mujeres. Se enamoró de Emer, hija de Fogall, un astuto jefe de clan cuyo castillo estaba cerca de Dublín. Cú Chulainn pidió la mano de la muchacha, pero su padre, que se negaba a la unión, indicó que Cú Chulainn todavía tenía que consolidar su reputación como guerrero, sugiriendo que aprendiera del campeón escocés Domhall. Cú Chulainn supo por Domhall que el mejor maestro de armas era Scathach, una princesa guerrera de la Tierra de las Sombras. Así que partió hacia el misterioso lugar y se puso a su disposición. Scathach le enseñó su famoso paso de combate. El joven héroe fue adiestrado por ella durante un año y un día y se hizo amante de su hija Uathach. Aparentemente, Scathach temía por la seguridad de Cú Chulainn, y procuró sin éxito que no se enfrentara con la amazona Aoifa, enemiga declarada de Scathach. Sin embargo lo hizo y logró vencerla valiéndose de la astucia, tras lo cual se convirtió en su amante y tuvo un hijo con ella, el infortunado Conlai, al que más tarde Cú Chulainn dio muerte, ya que cuando el joven vino desde la Tierra de las Sombras a visitar Ulster no se reconocieron y el enfrentamiento fue inevitable. Desgraciadamente, el anillo de oro que llevaba Conlai delató su identidad cuando ya era demasiado tarde.

Aunque Cathbad había alertado que cualquiera que mantuviera su primer combate en un día fijado de antemano estaba destinado a tener una vida corta, Cú Chulainn, impaciente por luchar contra los enemigos de Ulster, blandió de inmediato sus armas contra tres guerreros semidivinos llamados Foill, Fannell y Tuachell y sus numerosos seguidores, matándolos a todos.

En ese combate Cú Chulainn mostró por vez primera su frenesí bélico y su transformación en el momento de la batalla: su cuerpo se estremecía violentamente; los talones y las pantorrillas se giraban hacia adelante; un ojo se le adentraba en la cabeza mientras el otro sobresalía, enorme y rojo, en la mejilla; la cabeza de un hombre le entraba en las fauces; su boca se deformaba hasta las orejas; el pelo se le erizaba como espino, con una gota de sangre en cada punta; y en lo alto de su cabeza se elevaba, como el mástil de un barco, una gruesa columna de sangre oscura. Como al volver a Emain Macha en su carro "engalanado con las cabezas sangrantes del enemigo" aún tenía en el cuerpo el frenesí de la batalla, sólo gracias a una treta de la reina de Ulster, Mughain, se salvó la situación. La reina envió fuera de las defensas del castillo a un grupo de unas ciento cincuenta muchachas desnudas que llevaban tres tinajas de agua fría. Introdujeron en ellas con suavidad al asombrado y ruborizado Cú Chulainn: la primera estalló, en la segunda el agua hirvió furiosamente y la tercera ya sólo se puso muy caliente. De esta forma fue aplacado el guerrero tras su primer baño de sangre.

Cú Chulainn acudió a la batalla montado en su carro conducido por Laegquien, que también cuenta con ciertos poderes sobrenaturales, y tirado por dos caballos que nacieron durante el período de su concepción. Entre las armas del héroe destaca la lanza conocida como **Gae Bulga,** arma terrible que provoca la muerte instantánea al ser arrancada.

Finalmente, Cú Chulainn regresó a la fortaleza de Fogall para casarse con Emer, pero no se la quisieron dar en matrimonio. Cú Chulainn combatió con todos los guerreros del padre de Emer, a los que dio muerte, y logró rescatar a la princesa, que su padre había encerrado en un castillo de imposible acceso, a no ser para un héroe como el audaz enamorado.

Sus hazañas en combate son innumerables, protagonizando especialmente el relato conocido como *Táin Bó Cuailnge*, "El Robo de Ganado de Cooley", donde él solo libra al Uladh de la amenaza de la reina Medb de Connacht. Como corresponde a su carácter semidivino, Cú Chulainn entra en contacto con los dioses, tanto con su padre Lug, como con las diosas guerreras Morrigan, Nemain y Badb, e igualmente realiza incursiones en el más allá. De aspecto hermoso es deseado por todas las mujeres con las que se cruza, lo que provoca los celos de su esposa Emer, quien le hace pasar por una serie de pruebas sobrenaturales antes de casarse con él. El concepto del honor es tan importante en el héroe que mata a su único hijo por salvar el reino.

Aclamado campeón de Irlanda en un concurso de cortar cabezas, en poco tiempo Cú Chulainn fue invencible en el combate, destreza que le iba a resultar muy necesaria en su última batalla, un combate épico preparado por la reina Medb (o Maeve), señora de Connacht, en la que se enfrentó en solitario al ejército invasor de la reina. La principal razón, un robo de ganado a gran escala, era la búsqueda del famoso toro castaño de Cuailgne. Pero el tirano dirigente de Ulster, el rey Conchobar Mac Nessa, intervino también reclutando a rebeldes de Ulster y otros muchos irlandeses en el bando de la reina Medb. Una profecía le había anunciado que vería su ejército cubierto de "escarlata y rojo" por culpa del valor de Cú Chulainn, pero estaba decidida a llevar a cabo la invasión y, además, contaba con tres bazas a su favor. La primera, que el gran héroe tenía como enemigos a la familia de Calatin, cuyas hijas eran brujas. Justo en su último paseo con su fiel auriga Laeg, las brujas le hechizaron quemándole un hombro y una mano. La segunda, que atacó cuando los hombres de Ulster estaban en un mal momento por la maldición de Macha, que les impedía luchar durante cinco días y sus correspondientes noches. Y la tercera, que Cú Chulainn había perdido el apoyo de la diosa Morrigan, señora de la guerra (que se convertirá posteriormente en el hada Morgana), al rechazar su amor. Finalmente lanza todas las fuerzas de Irlanda, combinadas por el hijo de Cú Roi contra el campeón de Uladh.

Durante tres meses no cesan las luchas, de uno en uno o por grupos, Cú Chulainn siempre sale vencedor. No le importan demasiado las heridas que recibe. Por la noche, Lugh, el de largos brazos, acude a su lado para curarle con bálsamo de recuperación. Sin embargo, Cú Chulainn combatió a pesar de todo y rechazó el avance del ejército de la reina Medb por medio de astutas tácticas y sorprendentes ataques hasta que el efecto de la maldición de Macha se desvaneció y los aturdidos guerreros reaccionaron a la llamada a las armas de Sualtam Mac Roth. Sin embargo, esta ayuda llegó tarde para Cú Chulainn que, acorralado por el enemigo, fue vencido a pesar de la intervención de su padre, el dios solar Lugh. Su único acompañante, Laeg, resultó herido por una lanza y el propio Cú Chulainn sufrió una terrible herida en el estómago que ni Lugh pudo curar. Finalmente, el campeón de Ulster se ató a una piedra vertical para poder luchar hasta el último aliento. En cuanto murió, Morrigan se posó en su hombro en forma de cuervo y el hijo de Cú Roi se ensañó con el cuerpo muerto del héroe cortándole la cabeza y la mano derecha, en señal de triunfo y abandonando el cuerpo a las aves carroñeras. Conall, su hermanastro, consiguió reunir todos los trozos, pero Ulster lloró amargamente la muerte de su campeón. Además, su fama era tal que las proezas de Cú Chulainn influyeron en el desarrollo de la leyenda artúrica en Gran Bretaña y Francia.

Índice

Morrigan — *La guerra*

Mordred — *La tragedia*

El dragón — *El temor*

El bosque — *El alma*

Pixis

La solidaridad

Niniana

La seducción

Gwion

El ingenio

Grial

La iluminación

Mab

La reina de las hadas

Deidre

El amor pasional

Nimue

La providencia

Lancelot

La frustración

El avellano

Árbol de la sabiduría

El Roble

Árbol del triunfo

El fresno

Árbol de la protección

El abedul

Árbol del inicio

El caldero

La plenitud

Morgana

El caos

Ginebra

La traición

La danza de las hadas

La felicidad

Redcaps

La destrucción

Lugh

El progreso

Cu Chulainn

El sol

Balor

Los enemigos